ミシェル=フーコー

カバー，口絵写真　三留理男

フーコー

●人と思想

今村 仁司
栗原 仁 著

158

Century Books 清水書院

はじめに

「オム・ド・レトル」というフランス語がある。それは文字通りに翻訳すれば「文の人」という意味である。「文の人」とは個々の狭い専門知に閉じこもらない、あるいは閉じこもれない人である。彼はあらゆる学問領域の境界線を軽々と踏み越えていくばかりでなく、自らの本性に従ってまったく新しい境地を切り開いていく。彼は人間と自然にかかわるすべての事柄に強烈な関心を抱き、本人自身にもコントロールできないほどの情熱をもってすべての事柄を、あたかもわがことのように感じ、とらえる。多くの教養が必要であるかに見えるが、強いて教養を持とうなどといった脅迫観念などは彼には無縁である。強制された勉強などをしなくとも、自然体で教養は備わっていく。その意味で「文の人」は「教養の人」なのである。

かえりみれば、フランスではルネサンス時代のモンテーニュから十八世紀啓蒙時代のヴォルテールをへて二十世紀のサルトルまで、幾人かの大知識人、つまり「文と教養の人」が輩出した。またドイツでもライプニッツからカントやヘーゲル、あるいはゲーテをへて、マルクスやニーチェなどが、さらに二十世紀ではヴァルター＝ベンヤミンやテオドール＝アドルノなどが登場したが、彼らもまた典型的な「文の人」であった。

二十世紀後半にはこれらの文の人や教養の人と呼ばれる大知識人のような人間類型は消滅したとしばしばいわれる。世界中で多くの論者がそういうだけでなく、実はミシェル＝フーコー自身もまたそう主張している。彼によれば、現代ではヴォルテールやサルトルのような大知識人は無用になった。何でも知っており、何にでも口を出す知識人の時代は終わった。そんな知識人よりも、特定の専門に通じた技術的知識人、狭いけれども深い専門知を持つ知識人のほうが社会的諸問題を解決するにはますます重要になってきているというのだ。フーコー自身はその種の専門知識人になりたいと願い、自分でもそのように努力したふしがある。

ところが、天性とはまことに不思議なものだ。フーコーは「文の人」の時代は終わったと宣言したのだが、彼の天性は久しい以前から別の行動を彼に命じてきたように思われる。本書の本論のなかでも紹介するように、たしかにフーコーは精神医学や人間科学に関する専門的な科学史家たらんと決意し、実際にその企てを実現した。その意味では彼は禁欲的な専門知識人であっただろう。しかし、彼の才能は「知の歴史家」という狭い枠を突破して、絵画、音楽、詩、小説といった芸術ジャンルにまで進み出ていく。いや、むしろ彼は芸術の世界こそが「わが家」であると感じる人であった。フーコーは哲学者として自己形成を遂げ、科学哲学と科学史の専門的訓練を受けたが、同時に彼は芸術批評家あるいは文学批評家といった美の追求者でもあった。彼は、歴史家、哲学者、美学者といった多面的な顔を持っている。しかし彼はそのいずれでもない。どこにも分類できない知性の人は、前に述べたように「文の人」であるから、「文の人」の終焉《しゅうえん》を宣告したフーコーその人こそまさに「文の人」であったといえよう。

たしかに現代は狭いフィールドを深く掘り下げる専門家の時代である。だからといって専門人だけで学問と文化が創造的に発展することはできない。むしろ思想史の鉄則から見ても、「文の人」と呼ばれる精神こそが新しい学問や知識領域を切り開いてきたし、現在でもその役割は終わっていない。そのことをフーコー自身が身をもって証言している。「文の人」が開拓した領域を専門人がいっそう深めていくという形での二つの精神類型が共同作業を行わなくてはならない。それは昔も今も変わらない。

ミシェル＝フーコーという人物は、いわば一人で二役をやってのけた。彼は文の人としては新しい知の分野を独力で切り開き、同時に専門的知識人としてその分野を誰よりも深く掘り下げていった。狂気の歴史、権力と知識の共犯関係、人間諸科学の系譜学的・考古学的分析、性の歴史等々は、フーコーによって初めて学問界に提供されたまったく新しい知の領域である。それは二十世紀における画期的な成果である。一つの領域の開拓でも大変な事業であるのに、フーコーは一人で複数の仕事を成し遂げた。驚くべき偉業といわなくてはならない。そういう人物を本書はできるかぎりわかりやすく紹介してみたい。彼が手がけた分野ははなはだ広い。許された紙数では詳細な紹介とはいかないが、可能なかぎり主要な論点を簡潔にまとめていきたい。

目次

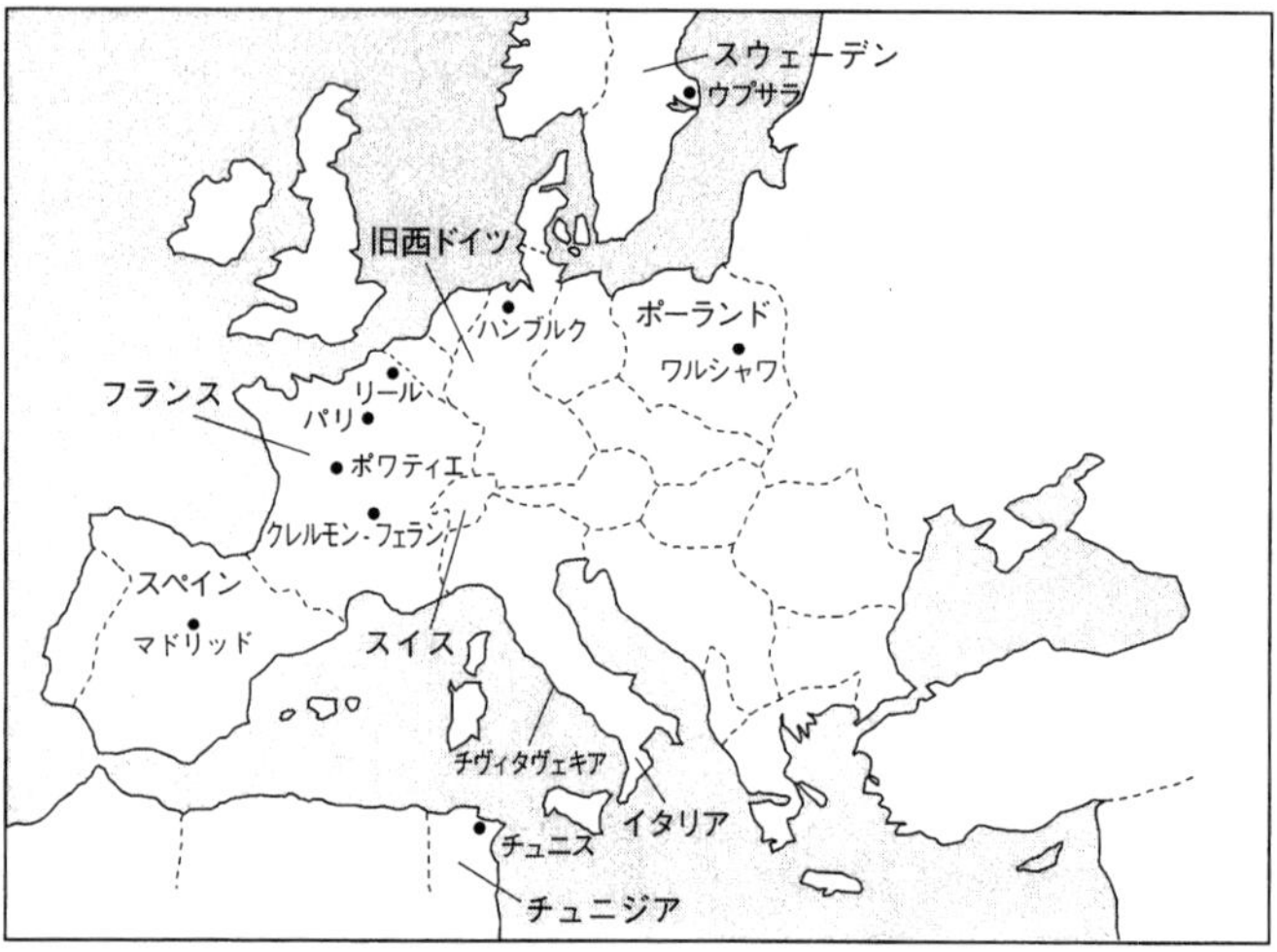

ミシェル＝フーコー関連地図

第一部　フーコーの生涯

一　生い立ちと修学時代

クレルモン-フェランの思索者　「哲学は、ギリシャ思想の初めからヘーゲルまで、そして今日にいたるまで、おそらく西欧世界においてもっとも一般的で特徴的な文化の形なのです」

高くかすれた独特の声で、フーコーは対談相手のアラン＝バディウに語る。いくぶんはにかんではいるが、てきぱきとした切れ味のよい手の動きも印象的だ。そして三十代後半のフーコーの頭髪は、のちには彼のトレードマークとなる剃《そ》り上げられた姿にはまだなってはいない。これは、一九六五年二月二十五日、フランスで放送された「哲学と心理学」というテレビ番組のひとこまである。

当時、彼はフランス中央部に位置するクレルモン-フェランという町で心理学を講ずる教授職にあった。すでに数冊の書物を発表し、科学史を専門とする一部の研究者たちの注目を集めていたとはいえ、まだ彼の名前はほとんど人々の間では知られてはいない。しかしながら、この一年後には、あっという間にフーコーは時代の寵児《ちょうじ》にまで上り詰めることになる。

では、ミシェル＝フーコーという人物は、どのような生涯をたどり、その時代と交錯したのであろうか。まずこの点を、フーコーに関して優れた伝記的検証を行ったディディエ＝エリボンによる研究成果と、生前フーコーが残したインタビューや論文を集大成した『言われたことと書きしるされたこと』（邦訳『ミシェル・フーコー思考集成』）の年譜等を参考にしながら、簡単に見てゆくことにしよう。

生い立ち

ミシェル＝フーコーは、一九二六年十月十五日、フランスのポワティエに生まれた。ポワティエはパリから南西に三百キロほど離れた古い町であり、歴史的にも「トゥール・ポワティエの戦い」でその名が知られている。彼が生まれた当時のフランスは、第一次世界大戦の混乱を脱し、ポワンカレ内閣の下、工業、貿易、農業等において比較的好景気へと向かいつつあったようだ。

ミシェル＝フーコーの父親ポールは医師であった。フーコー家は代々医師の家系であり、ポールの祖父、つまりミシェル＝フーコーの曽祖父も、パリ郊外のナンテールで貧しい人々を無料で診察する医師であった。父ポールは、一八九三年、パリ郊外のフォンテーヌブローの外科医の家庭に生まれ、のちに自らもポワティエで解剖学の教授職に就いて名声を得る。父より七つ年下の母アンヌもポワティエの外科医の家庭に育ち、町では名士の家柄にあった。いわば、ミシェル＝フーコーは生粋《きっすい》の医学者の血筋を引いているといえよう。

そのように裕福で社会的地位に恵まれた家庭環境のなか、父ポールと母アンヌの間の二番目の子供としてミシェル＝フーコーは生まれる。代々フーコー家では、「ポール＝フーコー」という名前を父から子へと受け継ぐしきたりであったが、母アンヌは、単に「ポール」ではなく、息子に「ポール‐ミシェル」と名づけた。つまり、私たちが「ミシェル＝フーコー」と呼んでいる人物の本名は「ポール‐ミシェル＝フーコー」であるのだが、やがてそのポール‐ミシェルは父親への反発心を募らせて、自分をただミシェル＝フーコーとだけ名乗るようになる。

彼には一歳年上の姉フランシーヌと七歳離れた弟ドゥニがおり、弟はのちに父親の職業を継いで外科医となる。フーコー家の信仰はカトリックであったが、それほど熱心な信者ではなかったらしい。フーコー家の子供たちを教会のミサへと連れていったのは、もっぱら祖母である。母アンヌは、父親から学んだ「自分で自分の舵を取ること（自己統御）が肝心なり」という教えを大切にし、頭ごなしに何かを子供たちに押しつけるような教育はしなかった。そのような母アンヌの寛容な態度は、多忙な仕事のため家にいることが少なかった父ポールへの反感とは対照的に、終生ミシェル＝フーコーに母への敬愛を抱かせることになる。

大戦の息苦しい空気

一九三〇年、フーコーは地元のアンリ四世高等中学校（リセ）に併設されていた幼児学級に入学し、その後、優秀な成績で同校の小学、中学課程へと進学する。しかし、時代はまさに第二次世界大戦へと突き進んでいた。とりわけ、一九三四年七月のナチスによるオーストリアのドールフス首相暗殺という事件は、幼いフーコーに大きなショックを与える。そして、一九三九年、イギリスとフランスがドイツに宣戦布告し、翌年、ドイツ軍はパリへと侵攻して、避難を余儀なくされた多くの学生たちがポワティエへと押し寄せてくる。

こうした第二次世界大戦の混乱から、フーコーの成績は奮わなくなり、教師との折り合いもうまくいかなくなった。結局、彼は私立のサン＝スタニスラス高等中学校（コレージュ）へ転校することになる。この転校という環境の変化によってフーコーの成績は持ち直したが、いずれにせよ時代の空気はひどく重苦しいものであった。彼は校舎内に掲げられた、対独協調路線を敷くペタン元帥の肖像画の視線にさらされ、校庭では他の生徒たちとともに整列させられて、元帥を賛美する曲を歌わなければならなかった。あるいはまた、この学校の二人の哲学教師は、ドイツ軍によって強制収容所へと送られもする。すでにその数週間前から、ポワティエもドイツの占領下となっていたのである。

高等師範学校受験へ

一九四三年、フーコーは大学入学資格試験（バカロレア）を受ける。この試験は、高等中学校の卒業検定と大学入学試験の性格を同時に兼ね備えるもので、これに合格すれば誰でもフランスの国立大学に登録できることになる。フーコーの父親は自分の息子が医師になることを熱望していたが、フーコーはそれに対する反発心と歴史や文学への興味から、文科系への進学を選んだ。サン＝スタニスラス高等中学校へと転校してからというもの、フーコーは各教科で優れた成績をあげており、なぜか哲学の成績は二十点満点中の半分しか取れていなかったとはいえ、大学入学資格試験には難なく合格する。しかも、フーコーは一般の大学ではなく、「グランド・ゼコール」と呼ばれる少数精鋭のエリート養成機関の一つ、高等師範学校（エコール・ノルマル・シュペリウール）の受験を決意した。その卒業生には、哲学者のアンリ＝ベルクソン、ジャン－ポール＝サルトル、モーリス＝メルロ－ポンティ、あるいは作家のロマン＝ロランやポール＝ニザンらが名を連ねる、フランスきっての名門校である。

高等師範学校は全寮制であるうえに、国から公務員手当までが支給され、在学中のみならず、卒業後も研究者や官僚としての特権的な地位が保証されるほどの名門校である。この特殊なエリート養成学校に進学するためには、通常の大学入学資格試験に合格したあと、さらに出身校から推薦を受けて二年間の準備課程を過ごし、そのうえで超難関の入学試験に合格しなければならない。そして、そのチャンスも二度目までである。フーコーは、ポワティエの高等中学校に付設されていた高等師範学校受験準備クラスに入学し、きたるべき入試に備える。このころからフーコーは、とりわけ哲学の授業に熱中するようになり、受験勉強のかたわら、プラトン、スピノザ、カント、ベルクソンといった哲学者たちの著作を熱心に読み始めた。

パリと哲学の呼び声

しかし、一度目の受験は惜しくも一番違いで不合格となる。フーコーは一年後の受験に向けてふたたび勉学に励む。だが、その場所はもはやポワティエではなく、高等師範学校合格に実績を持つ、パリのアンリ四世校付設の受験準備クラスへと移された。実際、地方からパリのユルム街にある高等師範学校へ進学する生徒はまれであり、ポワティエは受験環境の面からいっても有利ではなかったのである。

そしてまた、ここでフーコーがパリへとおもむくことには、高師受験以上に重要な意味を持つことがあった。その受験準備クラスで哲学を担当していた教員が、ヘーゲル研究で名高いジャン＝イポリットであったのだ。フーコーはイポリットが説く『精神現象学』の講義に魅了され、哲学への関心を決定的なものとする。イポリットは、ごく短い期間しか授業を担当してはいなかったものの、フーコーのみならず、多くの生徒のなかに眠っていた哲学への探究心に火を灯《とも》すには十分な魅力を有していた。のちに、フーコーは当時のイポリットの授業を振り返って、そこにはヘーゲルと哲学そのものの声があったとさえ言う。若きフーコーにとって、自分を哲学の道へといざなってくれた一人目の師がイポリットであった。

この時期には第二次世界大戦も終わり、サルトルをはじめとする実存主義哲学が流行した。人々の知的好奇心は、一斉に解き放たれる。フーコーは、その自由な空気を満喫するかのように勉学に励み、ときには同じくパリに住み着いたばかりの姉とアメリカ映画を楽しんだ。

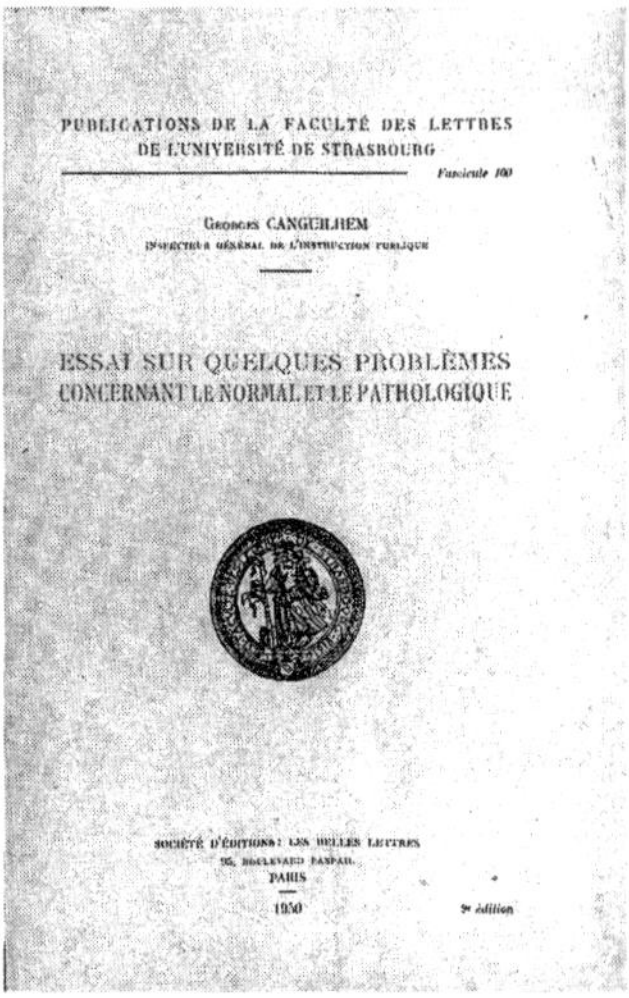

ジョルジュ＝カンギレム著『正常と病理』

高等師範学校時代

一九四六年、フーコーは念願の高等師範学校に四番の成績で合格する。その際の口述試験の面接官がジョルジュ＝カンギレムであった。カンギレムは生物学や医学に関する科学史の専門家であり、特に概念の歴史的形成過程の研究手法について、フーコーに決定的な影響を与えることになる。もっとも、二人の親交はすぐに始まるわけではないが、カンギレムは狂気や臨床医学の研究に取りかかるフーコーの精神的な支柱になってゆく。

しかしながら、入学後のフーコーは新たな環境になじめなかったらしい。エリートだけが集《つど》う高等師範学校という特殊な環境と、彼自身が抱える同性愛という悩みから、フーコーは精神的な安定を失っていた。ある友人が外出しようとするフーコーに声をかけると、「BHV（パリ市庁舎に隣接する日曜大工用品で有名な百貨店）へ行って、首を吊るためのロープを買うんだ」と答えたそうである。フーコーは在学中に何度か自殺未遂を起こし、医師である父親の配慮から、ある高名な精神科医の診察も受けている。

とはいえ、パリの高等師範学校は、フーコーの多感な青年期の知的好奇心には十分応えるものであった。ハイデガーの弟子であるジャン＝ボーフレの授業、現象学とマルクス主義の融合を試みるジャン‐トゥサン＝ドゥサンティの授業、あるいは『知覚の現象学』ですでに世の注目を浴びていたモーリス＝メルロ‐ポンティの講義等々、若きフーコーの旺盛なる知識欲を満たす場が、パリの高等師範学校には用意されていた。フーコーの人並みはずれた読書量も有名で、ヘーゲル、マルクス、ハイデガーらの著作を膨大なノートを取りつつ読んだ。さらにフーコーは、哲学のみならず、心理学への関心も広げていった。

フーコーのヘーゲル論

高等師範学校には四年間という在籍規定はあるものの、独自の卒業試験は存在せず、高師生は大学教員資格試験（アグレガシオン）合格を目ざすことになる。当時、フランスの大学教育課程には、いわゆる「学士（リサンス）」と、その上に設置された「高等教育修了証書（ディプロム・デチュード・シュペリウール）」が存在していたが、こうした課程修了学位に関しても、高師生は各自が一般の国立大学や専門研究機関に登録し、論文の提出や試験によって学位を取得することになる。ちなみにフーコーは、高等師範学校在学中の一九四九年、「ヘーゲルの『精神現象学』における歴史的超越の構成」という論文で哲学の高等教育修了証書を、そしてそれに続いて心理学の修了証書もパリ大学において取得している。

ディディエ＝エリボンによれば、この若きフーコーのヘーゲル論はどこかへ散逸してしまったら

ルイ＝アルチュセール

しく、残念なことに現在では読むことができないが、この論文は題名からもわかるように、恩師イポリットの指導の下で書かれたものである。

アルチュセールとの出会い　一九五〇年、フーコーは大学教員資格試験を受験するが、周囲の予想に反して不合格となる。その結果はさておき、当時の彼を語るうえで忘れてはならない人物がいる。この時期に高師生の教員資格試験対策を指導していたのは、着任したばかりのルイ＝アルチュセールであった。アルチュセールは、若いフーコーにとって、きわめて影響力の強い人物となる。このマルクス主義を自分の哲学の要《かなめ》とする師との出会い、そしてインドシナ戦争へのいきどおりから、フーコーはフランス共産党に入党さえする。また、心の安定を失ったフーコーに対して、精神科への入院を拒んで自分自身で克服するように励ましたのも、自ら極度の精神的な葛藤を抱えるアルチュセールであった。フーコーは党への不信によって、数年後には共産党を離れることになるが、アルチュセールとの思想的な交流は、その後も断たれることはなかった。

一九五一年の大学教員資格試験には三番で合格する（教員としての教科は哲学）。首席で合格した高等師範学校のある同級生は、自分がフーコーの順位より上にいることを不当だとわびにくるほど、フーコーの秀才ぶりは有名であった。フーコーは、この大学教員資格試験の合格と同時に、母校高等師範学校の心理学担当復習教員となる。その仕事のはからいをしたのも、アルチュセールであった。

二　研究生活と異国での日々

フーコーと心理学

フーコーの学問への探究心は、大学教員資格試験合格後も衰えを見せない。彼は視力の不足を理由として兵役を免れ、さらには優秀な人材に給付されるティエール財団の奨学金も手にすることができ、一日中パリの国立図書館で勉学に励む。彼は心理学の研究にのめり込んでいった。

前に、フーコーがパリ大学で心理学の学位を取得している件には触れたが、事実、一九四〇年代後半から、彼の心理学への関心がとみに高まる。その理由の一つとして、フーコーが高師在学中に出席していたメルロ＝ポンティの授業の影響があった。当時、すでにメルロ＝ポンティはリヨン大学で教壇に立つ身分であったが、同時に彼は母校の心理学担当復習教員も兼任しており、マルブランシュやメーヌ＝ド＝ビラン、あるいはベルクソンにおける心身問題について、高等師範学校でも授業を行っていた。ほどなくして、メルロ＝ポンティはパリ大学文学部の心理学教授に就任し、授業の場はソルボンヌへと移ることになるが、フーコーは休むことなく彼の授業に出席し続ける。
そしてまた、同じくパリ大学心理学教授のダニエル＝ラガッシュの影響もあった。この時期、ラガッシュは精神分析学を臨床医学へと統合する試みによって評判を得ていた。フーコーは熱心に彼の授業にも出席し、心理学の専門家になるためには医師でなければならないのか、と考え始める。しかし、ラガッシュはその必要はないとフーコーに助言した。この世代に哲学から出発して心理学へと関心を広げた研究者の多くは、しばしばこのような問題に直面するのがつねであったようだが、ラガッシュの助言は心理学と精神医学に対するフーコー独自の哲学的アプローチを導く素地を形づくるものとなる。一九五二年には、精神病理学の高等教育修了証書も取得した。

リール時代とニーチェへの傾倒

一九五二年、フーコーはリール大学文学部哲学科の心理学助手に着任する。ちなみに高等師範学校の生徒には、大学教員資格試験合格後、公的な教育機関への数年間の勤務が原則的に義務づけられており、高等中学校（リセ）での教職をへたあとに、大学をはじめとする研究機関に落ち着くのが一般的である。高等師範学校で復習担当教員に就いていたとはいえ、フーコーの大学への就職は異例のスピードといってよい。それには理由があった。彼の優秀さもさることながら、母校での心理学の講義が大変評判になっていたのである。この時期、高師の生徒であったポール＝ヴェーヌやジャック＝デリダは、フーコーの弁舌の妙に感銘を受けたという。

ちょうどそれと同じころ、リール大学では心理学の教員が不足していた。そこでその件について、リール大学のある教授は、当時高等師範学校で教鞭《きょうべん》をとっていたジュール＝ヴュイユマンに相談を持ちかけた。ヴュイユマンはフーコーが適任者であると考え、彼をその教授に紹介する運びとなる。教授もフーコーが「心理学に関する哲学」について博士論文を準備中であり、その評判も大変良いと聞いて、フーコーをリール大学へ招くことにする。フーコーは二十六歳になったばかりであった。

そして、教員として心理学を講じるだけではなく、フーコーは自分の研究も着実に深めてゆく。彼は大学のそばには住むことなく、弟とともに生活するパリからリールに通っていたが、事実、その生活の大半をパリでの心理学研究に費やしていた。彼は一九五三年には、実験心理学の高等教育修了証書も取得し、同年からパリのサン＝タンヌ病院で行われていたジャック＝ラカンのセミナーにも顔を出している。

また、フーコーがニーチェ思想に重要性を認め始めるのもこの時期からである。彼の高等師範学校での教え子でもあり、のちに日本で教鞭をとることになる心理学者のモーリス＝パンゲによれば、一九五三年の休暇中に、フーコーはイタリアのチヴィタヴェッキア海岸の陽光のなかで熱心にニーチェの『反時代的考察』を読みふけっていたという。そして、これと同じ時期、フーコーは親しい関

ニーチェ

係にあった作曲家のジャン＝バラケにも数々のニーチェの言葉を教え、一方バラケは、フーコーに現代音楽の衝撃を与えたという。

『夢と実存』

一九五四年、フーコーはスイスの精神病理学者ルードヴィヒ＝ビンスワンガーの『夢と実存』を翻訳し、それに大変長い序文を寄稿する。この時期、フーコーは、以前から知り合いであったジャクリーヌ＝ヴェルドーとともに、パリのサン＝タンヌ病院、あるいはフランス刑務所病院で熱心に心理学の実習に励んでいた。そうした日々の研究生活のなかで、ヴェルドーは哲学用語に強いフーコーに、共同で『夢と実存』を翻訳することを持ちかけたのである。

フーコーが「わが妻」とまで呼ぶヴェルドーは、彼をフランス科学認識論（エピステモロジー）の中心人物ガストン＝バシュラールに紹介した心理学者であり、青年期のフーコーにとって重要な役割を演じる。彼女は、フーコーをスイスのビンスワンガーのもとへも連れていく。ビンスワンガーは、かつてニーチェが治療を受けたイエナ診療所所長のオットー＝ビンスワンガーの甥《おい》に当たる精神科医であり、フロイト、ユング、ヤスパース、ハイデガーらとの知的交流のなかで、「現存在分析」を軸とする精神医学を提唱した人物である。フーコーはじかにビンスワンガーと哲学的語彙《ごい》についての意見を交わし、そして一つ一つの訳語を決定してゆく。こうした作業をへたうえで、フーコーなりの「夢」に関する哲学的見解を流麗な文体で著したものが、ビンスワンガーの本文をはるかに超える分量となった「序文」であった。

また同じ年には、フーコーの処女作となる『精神疾患とパーソナリティ』（この本はのちに大幅な改訂がなされて『精神疾患と心理学』となる）も出版された。こうしたフーコーの精神医学への関心は、ニーチェ思想への傾倒が強まるとともに、次第に現代の精神医学と狂気の関係を批判的に研究する方向を持ち始める。その一方で、フーコー自身もまた危機的な精神状況に置かれていた。彼は、度重なる精神的不安からアルコール依存症になりかけ、心理療法を受けたこともあった。

『精神疾患と心理学』

ウプサラとデュメジル

以前からフランスに居心地の悪さを感じていたフーコーは、一九五五年、スウェーデンのウプサラ大学のフランス語講師となる決心をする。この出来事の背景には、フーコーにとって四人目の師との出会いもあった。印欧神話学の大家ジョルジュ＝デュメジルである。

さかのぼること約二十年前、デュメジルは同じくウプサラでフランス語講師を務めていた。その期間は短かったとはいえ、以後デュメジルはスウェーデンの人々との交流を大切にしていた。そんな折、かつて自分が講師を務めていたウプサラ大学から、フランス語の教員を紹介してほしいという旨《むね》の手紙がデュメジルに届く。当初、フーコーはデュメジルとは直接の面識もないままに、単に共通の知人からウプサラ大学のポストを引き受けることになるのだが、このデュメジルほどフーコーを公私にわたって支えることになる師はいない。当時、デュメジルの年齢は六十にほど近く、すでにコレージュ・ド・フランスの教授である。もちろん、フーコーも彼の名前とその類《たぐい》まれな研究成果は知っていた。フーコーは着任したばかりのウプサラで、毎年この地にやって来るデュメジルと初めて会った。彼はすぐさまデュメジルの人柄に感銘を受け、かねてから持ち続けてきた尊敬の念をさらに強める。それとともに、デュメジルの神話研究の手法はフーコーの手本ともなった。それは、膨大な資料を丹念に読み解き、そこに現われる諸々の要素をそれぞれのレベルに振り分け、そしてそれらを差異の体系として比較・検討し、その成立条件や背景を規定してゆく手法である。そうした研究上の手続きは、間違いなくデュメジルからフーコーが学んだものである。

博士論文への着手

それ以外にも、このウプサラ赴任はフーコーに重要なものを提供してくれた。ウプサラ大学の図書館には、ヴァーレルという研究者が生涯をかけて収集した十六世紀から二十世紀初頭までの数万点にも及ぶ資料が寄贈されており、なかでも医学関係の文献が数多く所蔵されていたのであった。しかも、ちょうどその目録が完成したばかりである。フーコーの研究にもはずみがつく。彼は、のちに博士論文「狂気と非理性」（『狂気の歴史』）に結実する研究を、この土地で本格的にスタートさせることができたのである。

もっとも、この研究にたどり着くまでには、フーコーの博士論文のテーマはかなり揺れ動いていたらしい。博士号の取得には主論文と副論文を同時に提出しなければならないが、フーコーは一九五〇年代半ばにさしかかる時期まで、そのテーマをいろいろと思案している。「ポスト・デカルト学派における人間諸科学の問題」、「現代心理学における文化概念」、「心理学者マルブランシュ」、「現象学における《世界》概念と人間の諸科学に対するその重要性」、「シグナルに関する精神 - 物理学と知覚についての統計学的解釈」等々。しかし、ここにきて、以前からフーコーが漠然と語っていた「心理学に関する哲学」という試みは、このウプサラで「狂気と非理性」という博士主論文となることになった。当初フーコーは、スウェーデンで博士号を取得する考えすら持っていたらしい。

フーコーは、ウプサラで自らに与えられた公務にも怠りはしない。彼は大学における授業、フランス会館で自主上演される演劇の演出、そしてフランス大使館が公演のために招いた著名人たちの接待にと、きわめて多忙な日々を送る。マルグリット＝デュラス、アルベール＝カミュ、あるいは数年前から親交を結んでいたロラン＝バルトらが講師としてウプサラの土地を踏んだ。

ワルシャワ、そしてハンブルク

しかしながら、スウェーデンの凍《い》てつく寒さと、そうした赴任地での多忙な生活は、徐々にフーコーの心をウプサラから遠ざけてしまったらしい。一九五八年、フーコーはスウェーデンを離れ、ポーランドのワルシャワ大学に新設されたフランス文明センターの講師となる。同時に彼は、博士論文として提出するために執筆してきた「狂気と非理性」の仕上げにも取りかかった。

だが、フーコーのワルシャワ生活は、あっけない幕切れとなる。ワルシャワで知り合い、親しい関係にあった青年が、西側の外交機関に潜り込もうとする警察の手先であると判明したからである。フーコーはフランス大使の忠言に従い、早々にポーランドをあとにする。そして、翌年にはドイツのハンブルクにあるフランス文化学院に着任した。このハンブルクでは、講演会の開催を機に作家のアラン＝ロブ＝グリエとも知り合った。

このように、フーコーが次々と異国の地で着任ポストが見つけられたことには、彼の経歴や職務能力もさることながら、やはりジョルジュ＝デュメジルの厚遇によるところが大きい。フーコーのワルシャワ、ハンブルクへの赴任を取りはからった人物は、デュメジルの友人である外務省フランス語教育担当の部局長であった。こうした外国滞在期間中の一九五九年、フーコーの父親ポールは死去する。

クレルモン‐フェラン時代　一九六〇年、フーコーは博士号取得に必要となる副論文にも着手する。題名は「カントの人間学の起源と構造」である。主論文の「狂気と非理性」は、すでにほぼ完成している。親しい知人たちは、いち早くその原稿に目を通す。そのなかにはアルチュセールもいた。一読してアルチュセールは感銘を受け、旧友の数理哲学者ジュール＝ヴュイユマンにも原稿を手渡す。

のちにコレージュ・ド・フランス教授となるヴュイユマンは、ともにアルチュセールと高等師範学校で学んだ仲であり、かつてリール大学のポストをフーコーに紹介した人物である。このころ、ヴュイユマンはクレルモン‐フェラン大学哲学科の責任者であった。彼はアルチュセールをクレルモン‐フェラン大学へ呼び寄せようと思案していたが、アルチュセールは精神状態が優れず、その要請には応えられない。そんなとき、ヴュイユマンは才気あふれる約千枚に及ぶ「狂気と非理性」のタイプ原稿を目にすることになる。彼はそれを読み終えると、ハンブルクにいるフーコーへ招請の手紙を書いた。こうして、フーコーはクレルモン‐フェラン大学哲学科の心理学助教授に就任する。このクレルモン‐フェラン時代の同僚には、現在アカデミー・フランセーズの会員である哲学者のミシェル＝セールらもいた。

白いタートルに黒いビロードの上着、その上に緑のマントを羽織って、フーコーは毎週パリからクレルモン＝フェランへとやって来る。当時のフーコーを知る人々は、「ダンディ」という言葉で彼の姿を表現する者が多い。皮肉屋ではあるが、すでに高等師範学校時代の陰鬱なフーコーの姿はそこにはなかったという。フーコーの生涯のパートナーであり、のちにパリ第八大学の社会学教授となるダニエル＝ドゥフェールと知り合ったのはこの時期である。

博士号取得と大学教授への就任

さて、いよいよフーコーは、研究者としての最高学位である博士号の取得に挑む。当時、博士論文の公開審査に際しては、対象となる論文が公に出版されていなければならず、フーコーは各出版社にその依頼を試みる。だが、事態は難航の一途をたどった。その後、一九六一年、友人と歴史家フィリップ＝アリエスの尽力によって、『狂気と非理性――古典主義時代における狂気の歴史』がプロン書店から出版される。やっと公開審査の状況は整った。

審査委員長は哲学史研究の大家アンリ＝グイエ。主論文「狂気と非理性」の指導教官はジョルジュ＝カンギレム、副論文「カントの人間学の起源と構造」はジャン＝イポリットである。それに、かつてフーコーが心理学の指導を受けたダニエル＝ラガッシュも審査委員として加わる。一九六一年五月二十日、聴衆で満杯となったソルボンヌの階段教室において公開口頭試問は開かれた。フーコーは自分の研究論旨を見事に発表し終え、「狂気について語るためには、詩人の才能がなければならないように思われます」と、言葉を締めくくった。カンギレムは答える。「でも、あなたはその才能をお持ちのようですね」。フーコーは博士号を取得した。この業績によって、翌年にフーコーはクレルモン‐フェラン大学の哲学科心理学教授に就任する。

一九六二年には、ジル＝ドゥルーズの『ニーチェと哲学』が出版され、フーコーの心を虜《とりこ》にした。フーコーはドゥルーズをクレルモン‐フェラン大学へ呼び寄せようとする。この計画は文部省が推すマルクス主義者ロジェ＝ガローディの正教授就任によって実現を見ることなく、その後、ドゥルーズはリヨン大学へ行くことになるが、この時期からフーコーとドゥルーズは頻繁に会い、互いに友情を深めるようになる。

研究者と行政官僚

一九六〇年代のフーコーは、次々と多彩な研究成果を発表してゆく。一九六三年、彼は『臨床医学の誕生——医学的まなざしの考古学』と『レーモン＝ルーセル』を出版する。後者の内容は、十九世紀末から二十世紀初頭にかけて、独自の手法で特異な作品世界を展開したフランスの作家・戯曲家レーモン＝ルーセルを、その言語感覚から考察した作家論である。そして、この年にフーコーは、『テル・ケル』誌を主宰するフィリップ＝ソレルスが企画した文学シンポジウムにも参加する。同様に彼は、七〇年代初めにいたるまで、モーリス＝ブランショ、ジョルジュ＝バタイユ、ジュール＝ヴェルヌ、あるいはフロベール、マラルメ等々に関する文学論を発表し続ける。

一九六四年、『狂気と非理性――古典主義時代における狂気の歴史』の縮約版がプロン書店から出版された。同年、フーコーはロワイヨモンで開催されたニーチェに関するシンポジウムにピエール＝クロソウスキーらとともに参加し、「ニーチェ・マルクス・フロイト」と題された口頭発表を行う。

また、この時期のフーコーは、科学史や文学に関する研究以外にも、各方面からその才能を高く買われている。例えば、彼は文部省から高等教育次官のポストを打診される。この人事は、フーコーの「特異な趣味」に偏見を持つ一部の人々によって押しつぶされたが、彼の行政手腕には定評があった。彼はフランス外務省からも東京日仏学院の院長を要請され、一度は日本行きを承諾したが、クレルモン＝フェラン大学の強い要望と、ダニエル＝ドゥフェールの大学教員資格試験の準備を手伝うためにフランスにとどまることになる。一九六五年には、文部大臣フーシェによって大学改革委員会のメンバーに選出され、フーコーは行政官僚としての手腕を遺憾なく発揮する。この第一部の冒頭で紹介したテレビ番組のエピソードは、ちょうどこの時期に当たる。

「構造主義者」とチュニジア時代　一九六六年、フーコーはドゥルーズとともに、フランス語版ニーチェ全集の編集に参加する。そして、その直後に例の出来事が起こる。フーコーの『言葉と物』がガリマール社から出版され、「まるで菓子パンでも買うかのようないきおいで」売れることとなる。きわめて難解な内容であるにもかかわらず、『言葉と物』は社会的な流行にすらなってしまった。

当時、フランスでは、サルトルとレヴィ＝ストロースに象徴された構造主義論争の真っ最中である。『言葉と物』の著者は、本人の意思とはまったく離れた地点で「構造主義者」のレッテルを貼られてしまい、ヒューマニズムと実存主義を主流とするマルクス主義者たちからは「右派」、あるいは「ブルジョワ最後の砦《とりで》」と称され、自ずとその論戦に引きずり込まれてゆく。なかでも、フーコーが『言葉と物』に記した「人間の終焉」という表現が物議をかもした。こうして、よきにつけあしきにつけ、フーコーは思想の表舞台に立たされ、一躍その名前が世界中に轟《とどろ》くことになる。

だが、そのような状況のなか、フーコーはチュニジアのチュニス大学で教鞭をとるためにフランスを離れる。以前からクレルモン＝フェラン大学での彼の振舞いは、他学部との間で軋轢《あつれき》を生んでいた。フーコーが自分のパートナーであるダニエル＝ドゥフェールに助手の職を与えようとして、周囲との緊張関係は頂点に達する。そうした理由も手伝ってか、彼はクレルモン＝フェランでの生活に息苦しさを感じ始めていたらしい。当初、フーコーはある人物の勧めでパリ大学に自分のポストを画策したが、カンギレムは時期尚早としてそれを引き止めた。そんな折、実存主義研究で有名なジャン＝ヴァールからチュニス行きの話が舞い込み、彼はふたたびフランスをあとにすることになったのである。次の著作となる『知の考古学』は、そのチュニスで書かれた。また、チュニス大

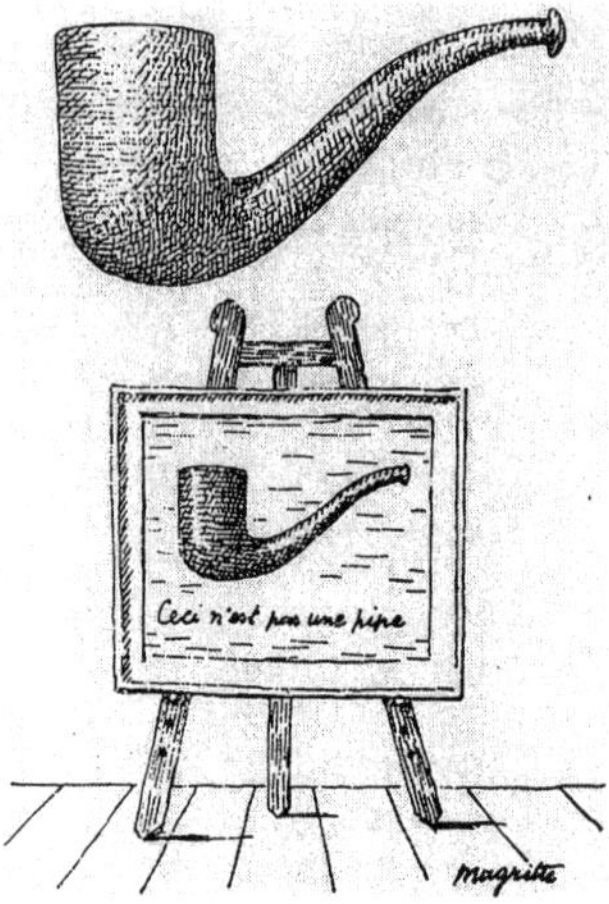

ルネ＝マグリット「これはパイプではない」(© ADAGP, Paris & SPDA, Tokyo, 1998)

学における彼の授業では、マネに関する絵画論に多くの時間が費やされていたことも知られている。このころ、フーコーはさかんに絵画芸術へと関心をめぐらせており、ベルギーのシュールレアリストであるルネ＝マグリットが描いた「これはパイプではない」についても論じている。そして、フーコーが頭を剃り始めるのは、このチュニス滞在期からであるらしい。

五月の嵐とヴァンセンヌ

一九六八年、パリ大学ナンテール分校（現在のパリ第十大学）において、当時の大学改革に反対する学生たちがバリケードを築き、各大学に闘争が飛び火する。そして、この闘争は、次第に学生と機動隊の衝突が激しくなり、フランス全土の労働者たちによるゼネストを巻き込んで「五月革命」となる。ド＝ゴール大統領は議会を解散し、政局は混沌とした様相を呈した。

その時期、フーコーは、チュニス大学で起こっていた警官隊による激しい学生弾圧に反対するためにチュニジアにとどまっていた。しかしながらフーコーは、「五月革命」で一気に噴出した学生たちの不満に応えるために思案されたヴァンセンヌ実験大学の創設メンバーに任命されて、フラン

五月革命（ルノーの工場での集会、1968年５月）
（UPI・サン・毎日）

スへと呼び戻される。この実験大学はのちのパリ第八大学であり、現在ではパリ郊外のサン＝ドニに移転しているが、その哲学科の基礎はフーコーが築くことになろう。

だが、当時の左翼学生たちはこの任命を快く思わない。なぜなら、彼らから見れば、フーコーは五月の嵐を避けるかのようにひとり外国にいたのであり、何にもましてかつて文部大臣フーシェの下で働いたド＝ゴール派の経歴を持つ警戒人物であるからだ。

とはいえ、フーコーによってヴァンセンヌ実験大学の教員の人選は速やかに進められ、結果的にそれは人々の目を驚かすものとなる。この時期、ドゥルーズは病弱な体調からフーコーの要請に応えることができなかったが、クレルモン＝フェラン時代の同僚ミシェル＝セールはいち早くヴァンセンヌに駆けつける。続いて、さまざまな左翼陣営からも人選は行われた。アルチュセールとラカンの影響下で、とりわけ毛沢東主義とかかわりが深かったアラン＝バディウやジャック＝ランシエール、そしてラカンの娘でもあるジュディト＝ミレールらも呼び寄せられた（ちなみにアラン＝バディウは前にも紹介したテレビ番組でフーコーと対談している人物である）。また、アルチュセールの忠実な弟子であり、師とともにフランス共産党にとどまって論陣を張るエチエンヌ＝バリバール、あるいは、トロツキー派の指導者アンリ＝ヴェベール、そして、こうした諸々の政治的立場の調停役として、優れた哲学史家であり、穏健かつ中庸《ちゅうよう》さをわきまえるフランソワ＝シャトレが選ばれた。フーコーは、この実験大学の創設が縁で、現代フランスを代表する女性作家であり、ヴァンセンヌで英文学を講ずることとなるエレーヌ＝シクスーとも知り合う。

　五月に吹き荒れた嵐の余波を受けるヴァンセンヌで、フーコーはつねに学生らとともにバリケードのなかにいた。彼は、ほんの短い期間でこの実験大学を去ることになるが、その後、パリ第八大学の斬新な哲学の潮流は、ジル＝ドゥルーズ、ジャン－フランソワ＝リオタールらによって引き継がれてゆくことになる。

三　コレージュ・ド・フランス教授就任以後

コレージュ・ド・フランス　一九六九年、『知の考古学』が出版され、翌年、初来日する。フーコーは来日中に、「歴史への回帰」等の講演やいくつかのインタビューをこなした。そしてまた、恩師ジャン＝イポリットの死去のために空席となっていたコレージュ・ド・フランス教授のポストにフーコーが就任する状況が整っていた。彼の担当講座名は「思考体系の歴史」であった。

このコレージュ・ド・フランスという高等教育機関は非常に特殊な組織を持つものであり、他の国には類を見ない制度といえる。さかのぼれば、コレージュ・ド・フランスは、十六世紀前半、人文主義者ギョーム＝ビュデの提案からフランソワ一世によって創設された。当時のルネサンス気風のなかで、もともとは神学研究中心のソルボンヌと一線を画すことを主眼に、自然科学や古典研究を目的として誕生したのがそもそもの起源である。その後、幾多の政治体制の変化にさらされつつも、独自の権威は揺るぐことなく、コレージュ・ド・フランスにおける教育制度の最高機関であり続けている。

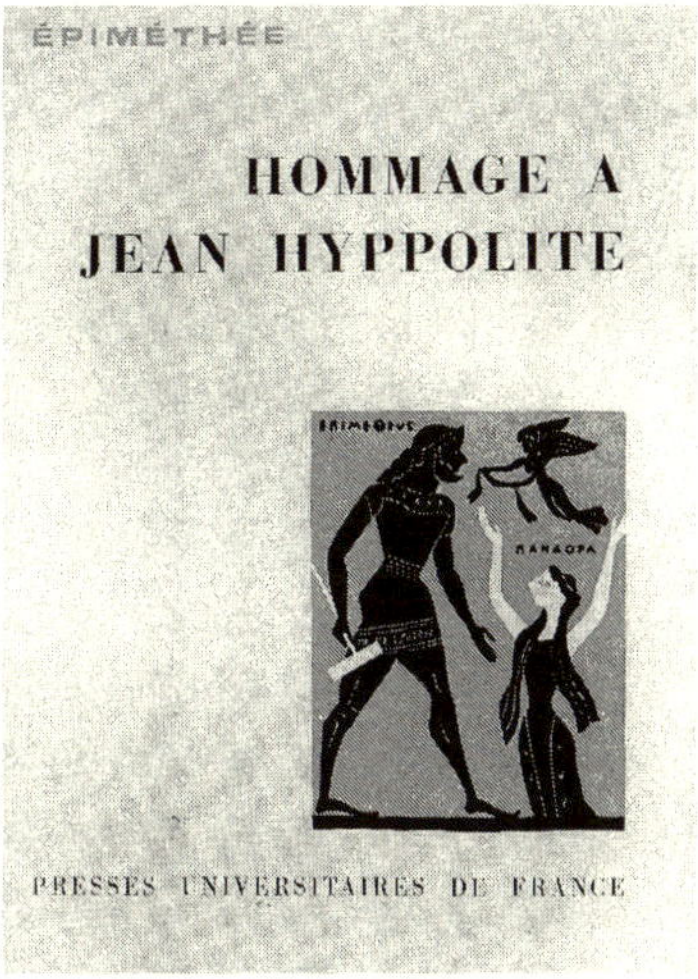

『ジャン＝イポリット追悼論集』（フーコーは「ニーチェ、系譜学、歴史」を寄稿）

その組織は、それぞれの研究領域の頂点に立つ教授陣によって自治的に運営・管理され、人選に関する決定も教授たちの投票で決定される。それゆえ、研究者としてコレージュ・ド・フランスに招かれるということはそれだけで名誉あることであり、年に十数回の授業以外には何の拘束もなく、研究環境もきわめて優遇されている。しかも、コレージュ・ド・フランスは最高の授業水準を維持しながら、もっとも市民に開かれた教育機関でもある。というのも、コレージュ・ド・フランスには、いわゆる在籍学生というものが存在しない。誰もが無料で自由に聴講することによって、それぞれの授業が成立しているのである。かつてその教壇には、多くの有能な科学者たちをはじめとし、ミシュレ、ヴァレリー、ベルクソン、メルロ-ポンティらが立った。そして、人類学者クロード＝レヴィ-ストロース、文学者イヴ＝ボヌフォワ、音楽家ピエール＝ブーレーズ、文芸批評のロラン＝バルト、社会学者ピエール＝ブルデュー等々、フランスを代表する知識人たちの名がそれに連なる。

若きコレージュ・ド・フランス教授　ミシェル＝フーコーは四十四歳の若さで、この名誉ある教育機関に招かれた。くしくも、彼が学生時代に驚嘆の念をもって授業に聞き入ったメルロ-ポンティが、一九五二年にコレージュ・ド・フランス教授に就任した年齢と同じである。この二人は、例外的なスピードでフランスにおけるアカデミズムの頂点にまで上り詰めたことは間違いない。

実を言えば、その背後には数々の人々の力があった。コレージュ・ド・フランス教授へのフーコー就任の動きは、すでに一九六六年から始まっており、この教育機関の教授となっていたイポリット、ヴュイユマンに加えて、歴史家のフェルナン＝ブローデルらが努力してきたのであった。フーコー選出の際には、定年退官していたデュメジルも、何人かの教授たちに「どうか天才を埋もれさせないでください」と、彼の支持を要請する手紙をしたためていた。

一九七一年、『言説の秩序』（邦訳『言語表現の秩序』）が出版されるが、これは前年のコレージュ・ド・フランス就任に際してなされた、フーコーの開講演説を内容とするものである。コレージュ・ド・フランスにおける一年間の授業は、そのつど最新の研究成果と同時進行で行われてゆく。その点で、このコレージュ・ド・フランスでのフーコーの講義は、のちには彼の著作に結実してゆく研究の叩き台である。以後、約十年にわたり、刑罰制度や主体の諸問題について熱っぽく語るフーコーの声が、聴衆ですし詰めになったカルチェ・ラタンの階段教室に響き渡ることになった。フーコーの死後に出版された、彼の『コレージュ・ド・フランス講義概要　一九七〇〜一九八二年』は、こうした思索の歩みが読み取れて大変興味深い。

街頭の哲学者

フーコーにとっての一九七〇年代は、講義や著作活動のみならず、数々の政治闘争に身を投じる時期でもあった。例えば、一九七一年、パリのアラブ人街であるラ・グット・ドール地区で、些細なことから一人のアルジェリア人が殺害される事件が起こる。この出来事を契機として、フーコーはドゥルーズや社会学者のジャン＝クロード＝パスロンらとともに、アラブ人街の生活環境に関する調査委員会を組織した。また、同じ時期、監獄の政治囚たちから待遇改善の声が上がると、フーコーはドゥルーズ、シクスー、『エスプリ』誌の主宰者ジャン＝マリ＝ドムナックらと「刑務所情報集団（ＧＩＰ）」も創設している。

ドゥルーズを特集した『アルク』第49号
（フーコーとの対談「知識人と権力」を所収）

一九七三年には、家族を惨殺した十九世紀の実在の人物に関する資料に注釈を加えた、『私、ピエール＝リヴィエールは母を妹を弟を殺害した』（邦訳『ピエール・リヴィエールの犯罪――狂気と理性』）を出版する。そして、二度にわたるブラジルでの講演日程をこなしたあと、一九七五年、『監視と処罰――監獄の誕生』を発表する。またフーコーは、スペインでフランコ独裁体制に反対した人々が死刑を宣告されたことを知ると、歌手のイヴ＝モンタンらとともにマドリッドへおもむいて抗議運動を展開した。

ドゥルーズとの確執

一九七六年、『性の歴史』シリーズの第一巻に当たる『知への意志』を出版する。翌年には、フランスへの政治亡命を望むドイツ人弁護士クラウス＝クロワッサンをめぐる外交上の処遇に関して、フーコーはフランス政府への抗議活動に参加する。ここで思想史上の一つのエピソードが生じた。それまで思想的な盟友関係にあったドゥルーズとフーコーの間に亀裂が走ったのである。その原因は次のようなものであった。このクロワッサンという弁護士には司法上のいきすぎた行為があるとして、フランス政府は彼をドイツ本国へと強制送還しようとする。そうした政府の方針に抗議を申し入れるうえで、フーコーがその送還の拒否と弁護士の権利を擁護することに闘争の照準を定めるのに対し、ドゥルーズとフェリックス゠ガタリは当時の西ドイツを警察独裁国家へと逸脱しつつある国として告発しようとしていた。フーコーはどうしてもこの見解には賛同できない。彼は政治戦略上の理由から、この支援運動を法律上の限定された問題として展開したかったのである。

結局、この意見の不一致がもととなり、二人の距離は離れてゆく。それは険悪なものではなかったが、のちの新哲学派と呼ばれる人々への評価をめぐっても、フーコーとドゥルーズの姿勢はかみ合うことがなかった。当時、コレージュ・ド・フランスでフーコーの助手を務めていたフランソワ゠エヴァルドを介して、ドゥルーズから「欲望と快楽」と題された『知への意志』論がフーコーに手渡されたこともあったが、フーコー側からの返答はなかった。

フェリックス＝ガタリ
（毎日新聞社提供）

特定領域の知識人

さて、このようにフーコーは、コレージュ・ド・フランス教授就任以来、活発に政治闘争に参加するようになった。その背景として、彼のパートナーであり、毛沢東主義の活動家でもあったダニエル゠ドゥフェールの影響が大きかったと思われるが、それは七〇年代フーコーの主要な関心を占める「権力」に関する思索から導き出された結果でもあった。普遍的な価値を振りかざして人々の先頭に立つヴォルテール流の大知識人ではなく、限られた専門領域の検討を通して社会闘争と連帯してゆく「特定領域の知識人」としてフーコーは街頭に立つ。そして彼は、さまざまな抵抗の力を束ねる役割を見事にこなし、かつては哲学上の論敵であったサルトルとも政治闘争の場面では歩みを同じくした。

フーコーは、こうした闘争を通して多くの交友関係に恵まれる。作家フランソワ＝モーリヤックの子息であるクロード＝モーリヤック、あるいはジャン＝ジュネ、モーリス＝クラヴェル、イヴ＝モンタン、そして女優のシモーヌ＝シニョレらは、フーコーとともに街頭デモの隊列にあった人々である。

多忙なる日々

あいかわらずフーコーの多忙なる日々は続く。一九七八年、十九世紀に実在した両性具有者の資料をまとめた『エルキュリーヌ＝バルバン、通称アレクシーナb』を刊行する。また、イラン革命への関心からテヘランを訪れ、内外に物議をかもす。日本へも二度目の来日を果たし、講演「性と権力」、渡辺守章氏との対談「哲学の舞台」、同じく吉本隆明氏との対談「世界認識の方法」、あるいは禅寺での修行体験等々、フーコーは精力的に日程をこなした。

このころフーコーは真剣にジャーナリストへの転身を考えていたらしい。彼は自分の名前にのしかかる重圧に嫌気《いやけ》がさしていた。その証拠に、フーコーは「覆面の哲学者」を名乗って匿名《とくめい》でインタビューに答えたり、ある哲学者事典の自分の項目を偽名で自ら記述する試みまでしているが、そこには彼の後期の思想的な営みとどこか通底する身振りがある。そんな折、パリのヴォージラール通りにある自宅前で、フーコーが自動車にはねられる事件が起こるが、そのとき彼は阿片を吸っていたらしい。

そして一九八〇年は、フーコーにとっても、フランス思想界にとっても、数々の衝撃的な出来事が続く年だった。交通事故で命を失ったロラン＝バルトに対し、コレージュ・ド・フランス教授会の席上で弔辞を述べたのはフーコーであった。また彼は、サルトルの葬儀のために集まった多数の人々に混じって、モンパルナス墓地まで続く長い隊列のなかに身を置く。フーコーの師の一人であるアルチュセールが妻のエレーヌを絞殺して、精神病院に収容されるという事件も起こる。このように、一九八〇年とは、ある意味でフランス思想史上の一時代に区切りをつける象徴的な年であった。

フーコーは政治闘争の手をゆるめはしない。一九八一年、フーコーはヴェトナムのボート・ピープルを救援するための国際組織創設に尽力する。また、ピエール＝ブルデューらとともにポーランドの「連帯」を支援し、ＣＦＤＴ（フランス民主主義労働同盟）のエドモン＝メールらに接近する。

翌年には、フーコー自らポーランドにおもむいた。

一九八二年、フランスの歴史家アルレット＝ファルジュとともに、十八世紀バスティーユ古文書の封印状を編纂した『家族の混乱』を刊行する。またこの年には、ジャック＝デリダがチェコのプラハで麻薬所持の嫌疑をかけられて逮捕される事件が起こるが、これに対する抗議行動にフーコーも参加した。同年、ヴァーモント大学で「自己のテクノロジー」に関するセミナーが開かれ、フーコーはギリシャ・ローマ期の自己配慮の技術を扱った講演を行う。一九八三年には、フーコーの親友であるコレージュ・ド・フランス教授ポール＝ヴェーヌの招きで、ドイツの社会学者ユルゲン＝ハーバーマスがフランスを訪れ、互いに意見を交わした。ポール＝ヴェーヌは、かつて高等師範学校においてフーコーの教え子であった人物であり、フランスを代表する古代史の専門家である。ギリシャ・ローマ期を扱う『性の歴史』の第二巻、三巻を執筆するフーコーにとって、まさに貴重な助言を与えてくれる同僚であった。

最後の哲学演習

一九八四年五月、『性の歴史』の第二巻となる『快楽の活用』が出版される。そのやさきの六月二日、フーコーはヴォージラール通りの自宅で気分が悪くなり、意識を失う。医師である弟のドゥニによって、私立サン－ミシェル・クリニックへの入院措置が取られる。六月九日、サルペトリエール病院へ転院し、一時は小康状態にまで体調を持ち直すことができた。フーコーは病室を訪ねる友人たちとの会話を楽しみ、新聞各紙も彼の病状の回復を報じた。六月二十日、『性の歴史』第三巻となる『自己への配慮』が出版され、フーコーは病床にてそれを手にする。

以前からフーコーは、自分の体調の変化には気づいていた。そして、彼は自分に与えられている時間がすでに残り少ないものであることを悟っていたらしい。フーコーは、当時はまだ一部の人々の特殊な病いであると信じられていたエイズに自分が冒されているかもしれないことを、電話である人物に打ち明けている。その電話の相手とは、八十六歳を数えるジョルジュ＝デュメジルであった。デュメジルは、「私が死んだときには、ミシェルが追悼文を書いてくれるでしょう」というのが口癖であった。しかし、皮肉にもその役目はデュメジルのほうに回ってくることになる。

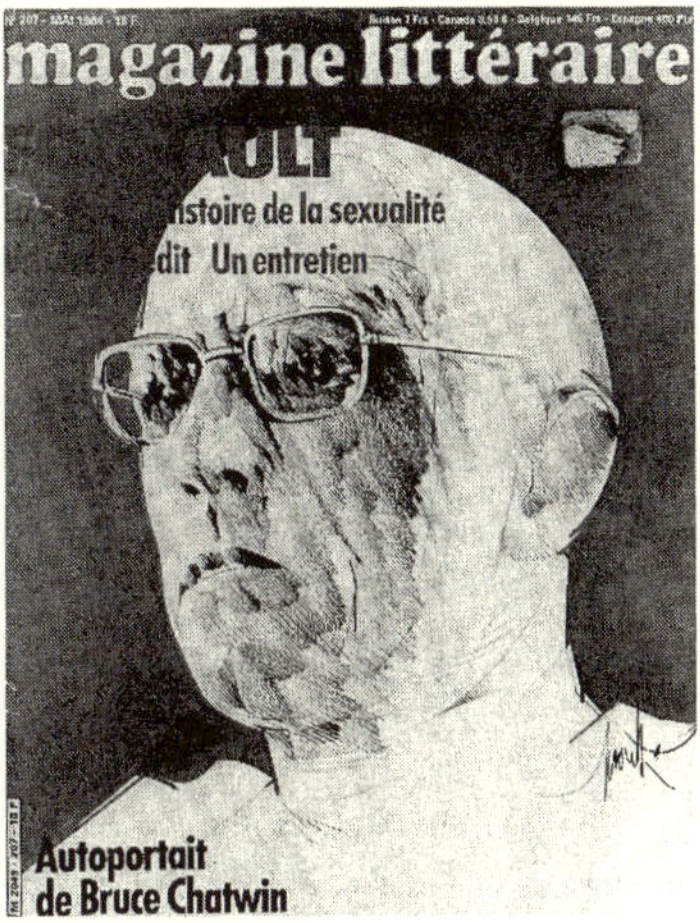

『マガジーヌ・リテレール』誌のフーコー特集号（1984年５月）

こうした危機的な体調のなかで、フーコーが自らと格闘しつつ書き上げた書物こそ、遺作となった『快楽の活用』と『自己への配慮』である。その文体は、抑えられた、もの静かな、最後の「哲学演習」といえるものであった。

一九八四年六月二十四日、突然、フーコーの病状は急変し、高熱が続く。そして、翌日の二十五日午後一時十五分、ミシェル＝フーコーはパリのサルペトリエール病院にて息を引き取る。享年五十七歳だった。

ひとつの儀式

この死に関する報道において『リベラシオン』紙は、フーコーがエイズで死亡したという「噂」は彼の名誉に傷をつけるものである、という内容の記事を掲載した。なるほど、六月二十七日付の『ル・モンド』紙に発表された医師団による正式な声明によるならば、フーコーの直接的な死因は次のようなものであった。

敗血症を併発している神経疾患の病状に対して追検査を行ったところ、脳に化膿《かのう》した病巣が発見され、抗生物質を投与した。一時、病状は好転したが、突然の悪化により死去……。

その記事にはエイズについての記述はどこにも見当たらない。しかし、なぜエイズで死ぬことが彼の名誉を傷つけることになるのか。当然のことながら、『リベラシオン』紙には抗議の声が殺到した。現在では、その症状と数々の証言から、フーコーの死因はエイズであったとされているが、当時の『リベラシオン』紙の記事は明らかに不用意な内容を持つものであった。

いずれにせよ、一人の思想家の死を悼《いた》む儀式が行われる。フーコーの死を知った多数の人々が、サルペトリエール病院の中庭に集まってくる。そのなかには、生前の恩師デュメジルやカンギレム、また、晩年親しい関係にあったエルヴェ＝ギベール、そして、コレージュ・ド・フランスの同僚や政治闘争でともに街頭に立った人々がいる。

「哲学——哲学の活動、という意味での——が思索の思索自体への批判作業でないとすれば、今日、哲学とはいったい何であろう？　自分がすでに知っていることを正当化するかわりに、別の方法で思索することが、いかに、どこまで可能であるかを知ろうとする企てに哲学が存立していないとすれば、哲学とは何であろう？」（田村俶訳『快楽の活用』新潮社）

弔辞として、フーコーの『快楽の活用』の一節を読み上げる声の主は、かつての盟友ジル＝ドゥルーズにほかならなかった。

第二部　フーコーの思想

第一章 初期の思想（一九六〇年代）——言説的実践の考古学

一 科学と知

社会における科学の成立条件 フーコーの研究経歴は、科学史の領域からスタートする。とりわけ彼の関心は、科学史といっても理論物理学のような純粋科学ではなく、もっと私たちの日常生活とかかわりが深い、精神医学や臨床医学へと向けられた。現在の私たちの社会を考えてみればわかるように、そうした科学は諸々の制度や施設、政治、経済、司法、道徳、文化等々と密接に結びついている。いわば、精神医学や臨床医学は外在的な諸要因と深いかかわりを持っており、歴史的にも社会と一体となって発展してきた分野である。一九六〇年代初頭に発表された『狂気の歴史』や『臨床医学の誕生』は、このような問題意識に沿って書かれた著作といえる。

そうした科学と社会のかかわりを探究するフーコーの関心は、「知（サヴォワール）」という独特の観点を生む。もっとも、その用語の趣《おもむき》は彼の思想的な歩みにつれて変化してゆくが、知という言葉が用いられる際に、ある何らかの科学の社会的・歴史的な成立条件が問題とされる点では終始一貫している。例えば、彼は精神医学の成立過程を考察するために、単に狂気に関する学問上の科学的な認識のみを扱うだけではなく、社会における一般の人々の考え方や物事の見方、あるいは日常的な実践や制度等々も詳細に検討しようと努める。フーコーにとって、狂気を取り巻く諸々の社会的要素を総合的に検証することは、その学問的＝科学的な認識と、人々の日常的実践や諸制度を同時に成り立たせているような、社会的で歴史的な共通地盤の探究を意味している。つまり、まずもって見定めなければならないのは、当の科学を生むことができた、その歴史的・社会的な背景＝条件のほうである。

知とは何か

こうした理由から、西欧社会における狂人を検討する場合、ある対象を科学の領域において純化させてゆく精神病理学上の水準と、人々が狂人を社会的な実践や諸制度につなぎとめている日常的な水準の間を、分析者は頻繁に行き来しなければならない。その二つの水準の間には、科学的な認識と日常的な実践を横切って、双方の折り合いをつけながら狂気という対象を具体化してゆく可能性＝許容性の土台が存在しているだろう。このように、「知」とは、物事に関して人々が共有する構えであり、それが具象化した社会制度や施設であり、そしてまたそれを理論的に純化する科学が成立するための社会的で歴史的な条件＝背景をさす。

ここで誤解してならないのは、知は科学が成立するための可能性の条件なのであり、科学自体を表現する言葉でもなければ、科学的な知識の寄せ集めでもない点である。『狂気の歴史』と『臨床医学の誕生』におけるフーコーの関心は、単に精神医学や臨床医学の学説史を記述することではない。そうした理論的＝科学的な認識と人々の日常的な実践や制度、施設、技術、政治等々を同時に可能とした知の歴史である。社会とかかわりが深ければ深いほど、科学的認識は日常生活との相互作用をつねに抱えているはずであり、その姿も社会や時代によって異なるものとなろう。科学とは純粋な環境のなかにいるわけでもなく、その歴史的展開も一本調子に発展するものでもない。

私たちの日常生活からかけ離れた純理論的な科学ならいざしらず、フーコーが問題とする精神医学や臨床医学は、すぐれて社会のなかに組み込まれた科学である。そうした科学の成立基盤を問う場合には、科学を育《はぐく》んだ現実的な社会との関係こそがもっとも重要であり、もとより知とは社会と科学のかかわり合いを示すために用いられる言葉である。

エピステモロジーと非連続史観　しかしながら、社会と科学の関係性を考察するといっても、漫然と世の中を眺めているだけでは答えは出ない。その考察には具体的な研究対象と資料が必要とされる。そこで、フーコーは精神医学や臨床医学といった領域に照準を定めて、できうるかぎり関連性が確認される文献資料を読み解く。そして、この点でフーコーはフランス科学認識論（エピステモロジー）の流れのなかに身を置くのであるが、彼は社会と科学の関係をいつも「歴史」的に検証する。つまり、それは必然的に科学史という姿を取ることになるだろう。さらに、その手法の点から言っても、バシュラールやカンギレム、あるいはアルチュセールやミシェル＝ペシューらと同様に、彼は資料のなかに確認される記述の形式や様態等々について、深い関心と配慮をめぐらせつつ、それに詳細な検討を及ぼす。言い換えるならば、そこには言説（ディスクール）に対する濃やかな分析の姿勢が受け継がれており、そうした下地があったうえで、のちにフーコーは『知の考古学』において独自のディスクール理論を展開することにもなろう。

そして最後にもう一点、初期フーコーの著作に色濃く現われたエピステモロジーと共通する特色をあげておくなら、その科学史の形態が非連続史観に基づいているという点である。バシュラールはアインシュタインの相対性理論やボーアとハイゼンベルクの量子論による二十世紀科学革命を、そしてカンギレムは生物学史における諸概念の成立過程を、それぞれ「切断」という観点によって見事に研究してみせた。あるいはエピステモロジー以外でも、新しい歴史学（アナール学派）や系列史学と呼ばれる歴史家たちの影響も見逃せない。彼らは歴史に関する時間の観念を一本調子なものから解放し、それぞれの審級が地層のように重なって、おのおの異

バシュラールを特集した『アルク』第42号

なるリズムを刻む多層的な歴史の道を切り開いた。アルチュセールも言うように、歴史とは異質な時間性を排除するものではないのである。フーコーも精神医学や臨床医学が社会的に成立する過程を、その歴史的前段階における知との切断、あるいは新たなる知の出現という観点から、非連続で多層的なものとして論証するだろう。

知の歴史と知の配置

例えば、フーコーが『臨床医学の誕生』で検証してみせるように、西洋医学における身体や病いへの認識には、十八世紀と十九世紀の間で決定的な違いが存在する。フーコーが言うところによれば、この医学史上の切断の前後では、医学文献における記述の様態がまったく異なるという。十九世紀半ばに書かれた医学文献の内容は、現在の医学的知識からでも理解されうるものであるが、それに対して十八世紀の医学が記述した内容は、そう容易に理解できる代物ではない。そしてまた、十九世紀以降、身体や病いを表現するためには、厳格な記述規則にのっとらないかぎり、医師は社会的にも認められないようになったという。この点については、のちほどあらためて紹介することになるが、それは単に医学における表現方法や文体が洗練されたということを意味するのではない。その変異の間には歴史的な亀裂が走っているのであり、そうした切断後に現われた時代とは、個人の身体という新たなる科学的対象を可能とする知の到来を告げるものであった。

科学は、ある日突然、姿を変える。科学史には、時代を区切る切断があるのであり、何らかの科学が成立する基盤となる知は絶対的なものではない。つまり、知とは歴史的なものであり、時代によって姿を変えてゆく。いうなれば、私たちが科学の権威をよりどころとし、何の疑いも持たずに自明であると信じきっている事柄は、歴史的に見れば相対的なものであるということになるだろう。

とするならば、現在私たちが普遍的な対象として考えている「狂気」、「身体」等々も、歴史的にはかりそめのものでしかないかもしれない。こうした対象が、さも当然のものとして目に映るような知のなかに浸っているからこそ、私たちはそれに対して疑問を持たず、精神医学や臨床医学も成立できているのではないだろうか。ある領域において、何らかの対象を認識するためには、それを背後から可能にしている歴史的条件が必ず存在しているのであり、人々はそうした知のなかで物事をかいま見る。いわば私たちは、しつらえられた知の枠組みから世界を眺めているわけであり、ある対象が現われるための、そしてそれを認識する主体の位置の、あるいは何かの事柄を明確に表現する概念の取扱い等々の「配置」のなかにはめ込まれて思考しているのである。

科学と真理

当の時代に生きる者にとっては、この知の枠組みというものはほとんど自覚されることはない。しかしながら、よくよく考えてみるならば、何らかの領域において、なぜ私たちは、ある考え方が正しく、他が間違っているると判断できるのであろうか。あるいはまた、なぜ私たちは、ある発言が真であり、他が虚偽であると言えるのであろうか。現実味を持つものと持たぬもの、本物と偽物、同一性と差異、本質と偶有等々、程度の差はあれ、社会には物事を秩序づける思考の論理が存在している。このことは、私たちの思考が白紙の状態から始められるのではなく、明らかに何らかの共通の土台の上でなされていることを意味しているのではないか。社会には、それぞれの領域において、おのおのの対象を浮き彫りにする知の枠組みがいくつか存在しているのであり、それは精神医学や臨床医学上の知のあり方だけに尽きるものではなかろう。いうなれば、知はおのおのの時代や社会、領域で、独自の配置と形態、そして種別性を持つものといえる。

フーコーによれば、その点で、西欧近代社会には一つの顕著な特色があるという。それを一言で言うならば、たゆみない「真理への意志」である。そこで人々は、ことの本質は何なのか、どうしたら真理に近づけるのか、とたえず問う。かつてはキリスト教が担っていたその役割が影をひそめようとも、物事をあいまいにすることなく、対象として確定し、あらゆる知識を集積して真理を得ようとする姿勢は、西欧近代の科学が引き受けた。もっとも、これまで見てきたように、知の歴史における思考の地盤は絶対的なものではなく、それは時代時代によって姿を変えるものではあるが、いずれにせよ、西欧社会における真理の産出は科学に負うところが大きい。その点から言っても、フーコーが提示する「知」という用語は広がりを持つものであろう。ある社会の何らかの知が科学を生み、その科学が真理を彫琢《ちょうたく》し、そして次の時代には別の知の配置の上で産出された真理がそこに取って代わる。フーコーの分析視点は、そうした知と科学と真理の歴史的展開過程を明かにしてくれる。

思考史と知

フーコーの『狂気の歴史』や『臨床医学の誕生』は、主に以上のような知という観点から、社会と科学の関係性を問う著作であった。その分析は、単なる科学理論史や学説史ではなく、きわめて社会とのかかわり合いを重視した、科学の社会史とでも呼びうる内容を持っていた。ところでフーコーは、一九六〇年代半ばには、まったく逆の方向から知の分析を試みる。彼はあえて社会的実践や制度、施設等々との関係をさしあたりは無視して、ある社会の、ある時代における諸々の科学間の内的な関連を考察することから分析を出発させようとした。つまり、そこでは科学の外在的・現実的な諸要素の検討はあとまわしにされ、ひたすら諸科学間内部における思考の共通基盤のみを詳細に分析する方針が取られる。それは科学の社会史というよりは、諸科学における「思考史」と呼びうる性格を持つ。こうした研究こそが、主に近代の生物学、経済学、文献学（言語学）を扱った『言葉と物』であった。

だが、『言葉と物』では科学の外在的・社会的側面が問われていないにもかかわらず、なぜ「知」という用語が使われているのだろうか。知は、物事を理論的に純化してゆく科学的思考の内部のみならず、それを現実的に取り巻く社会制度や施設のなかにも具現化しているのではなかったのか。フーコーはこの点を置き去りにはしていない。確認しておくならば、彼は「実践ならびに施設・制度に関する側面全体をさしあたりは無視する」のであり、「のちにそうした側面とのかかわりを研究する計画を保持しつつ」、暫定的に諸科学を内側から分析するのである。しかも、フーコーが述べる「思考史」とは、単に一人の個人の頭のなかで展開される思索を問題とするのではなく、ある時代に共通な知の台座を問題とする。その意味では、たとえ現実的な文脈を除外しているとしても、そもそも知という視点自体がきわめて社会的な響きを持つものといえる。

話を整理するならば、知に対する研究のアプローチには、二つの方向があることとなった。一つ目として、ある科学を取り巻く社会的・外在的要因から出発して、その科学の成立基盤となる知を確認する方向。二つ目として、まず諸々の科学の間に共通するいくつかの知の形態を内在的に確認したうえで、その諸科学の間の関係性を測り、科学の外部へと結びつける方向である。前者は『狂気の歴史』と『臨床医学の誕生』が、後者は『言葉と物』が試みた方針である。したがって、フーコーは『言葉と物』において科学の社会的性質への考慮を放棄しているわけではない。そのすべてではないにせよ、七〇年代以降のフーコーがそれについて答えてくれることだろう。その点で、『言葉と物』の内容は暫定的な性格を持つものであり、例外的に純粋な知の水準だけを記述した著作といえる。

エピステーメー

『言葉と物』におけるフーコーの関心は、精神医学や臨床医学といった科学の歴史的・社会的成立過程を個別にさかのぼるのではなく、近代の諸科学間の全般的な共通地盤へと向けられている。ここで、しっかりと段階を踏んで整理しておこう。第一に、近代の生物学、経済学、文献学といった諸々の科学の存立基盤は、それぞれどのような知の形態に基づくものなのか、という点をまず明らかにしなければならない。そして第二に、それらの知を互いに調整し関係づけ、結果的に生物学、経済学、文献学という科学を同時に共存させることができた、諸々の知に関する全般的システムを確認しなければならない。フーコーは、このような諸々の知の間を、あるいは諸科学の間を調整づける、思考の全般的なシステムを「エピステーメー」と名づけ、思考史の一時代における知の特性＝同形性を考察しようとする。『言葉と物』は、こうしたエピステーメーという思考の台座とその歴史を描き出す試みである。

結論から言ってしまえば、思考史上の数々の知にも時代を分かつ切断が生じているのであり、場合によっては一時代の知の総体が一気に崩れ去るような断層が確認できる。フーコーは西欧思考史に三つの大きな地殻変動を見い出した。一つは十六世紀末、二つ目として十八世紀末、そして最後に二十世紀に進行しつつある亀裂である。結局、そこには三つの断層で区切られた、四つのエピステーメーが現われることになろう。各時代のエピステーメーの概説はのちにゆずることにして、ここで簡単な確認だけをしておくならば、『言葉と物』には次のようなエピステーメーが登場する。十六世紀ルネサンス的エピステーメー、十七・十八世紀古典主義的エピステーメー、十九世紀近代的・人間主義的エピステーメー、そして、今後に到来が予感される新たなるエピステーメーである。この書物では、特に十九世紀の生物学、経済学、文献学という諸科学が、それぞれ十七・十八世紀古典主義時代の博物学、富の分析、一般文法との歴史的対比によって検討され、古典主義的エピステーメーと近代的・人間主義的エピステーメーの間にある断層＝変形が浮き彫りにされる。

知の考古学

六〇年代のフーコーの著作には、もう一冊重要なものが残っている。一九六九年に出版された『知の考古学』である。それは、どのような著作なのであろうか。『知の考古学』の出版直後、フーコーは『ル・モンド』紙のインタビューに答えて、次のように述べている。

「私は、『知の考古学』以前に著した『狂気の歴史』、『言葉と物』、『臨床医学の誕生』という三つの書物を、大変な無邪気さとちょっとした純真さから、半ば幸福な意識のなかで書いてしまっていたのです。結局、私は『言葉と物』を著述しながら、それら三つの研究系列が必ずや関連性を持つものであり、その一方で数多くの問題と困難も引き起こされていることに気づきました。そんなわけで、『言葉と物』を書き終えていないうちから、以前の著作との一体性を明らかにし、そこで持ち上がった諸問題を解決しようとする別の一冊を書かなければならないと感じたのです」（「ある世界の誕生」）

実際、フーコーはこの発言を裏づけるように、考古学的歴史記述の方法論を扱う「次の著作」を『言葉と物』の序文で予告している。以前からフーコーは、「考古学」という言葉を好んで用いてきたのだが、ある意味でそれはイメージとしての役割しか持っていなかった。そこで、『知の考古学』は、それまでの三つの歴史研究（『狂気の歴史』、『臨床医学の誕生』、『言葉と物』）を理論的に統合し、さらには彼が「考古学」と名づけた歴史記述の可能性を精緻《せいち》に探るために著述された。いわば『知の考古学』は、六〇年代フーコーの自己総括の書といえる。

« ARCHÉOLOGIE DU SAVOIR »

ENTRETIEN

La naissance d'un monde

● *Michel Foucault, vous êtes connu aujourd'hui comme l'un des grands théoriciens de cet immense champ d'investigations qu'est l'épistémologie, et surtout comme l'auteur de deux livres qui ont enthousiasmé un vaste public : Histoire de la folie à l'âge classique et les Mots et les Choses. Vous venez de publier récemment Archéologie du savoir. J'aimerais, si vous le voulez bien, que vous tentiez de préciser ce qui les unit.*

— Les trois livres que j'ai écrits avant celui-là, *l'Histoire de la folie, les Mots et les Choses* et *la Naissance de la clinique*, je les ai écrits dans une demi-conscience heureuse, avec beaucoup de naïveté et un peu d'innocence. Au dernier moment, je me suis rendu compte, en rédigeant *les Mots et les Choses*, que ces trois séries d'études n'étaient pas sans rapport et que, d'autre part, elles soulevaient une foule de problèmes et de difficultés, si bien qu'avant même d'avoir fini *les Mots et les Choses*, je me suis senti dans l'obligation d'écrire un autre livre qui éclairerait l'unité des précédents et qui essaierait de résoudre les problèmes soulevés. Quand j'en ai pris conscience, j'ai été très déçu. On rêve toujours en écrivant que c'est la dernière fois et, en fait, ce n'est pas vrai. Les questions posées, les objections faites, m'ont contraint à me remettre au travail et passablement stimulé, soit sur le mode de l'amusement, soit sur celui de l'intérêt, et parfois celui de l'irritation. Ce livre, *Archéologie du savoir* (1), c'est à la fois une reprise de ce que j'avais déjà tenté, le désir de rectifier des inexactitudes, des imprudences contenues dans les livres précédents, et aussi l'essai de tracer à l'avance le chemin d'un travail ultérieur, que j'espère bien ne jamais écrire, par suite de circonstances imprévues !

● *Pourriez-vous préciser ce concept essentiel à votre entreprise, celui d'archéologie.*

— Archéologie — je l'ai employé par jeu de mots pour désigner quelque chose qui serait la description de l'archive et non du tout la découverte d'un commencement ou la remise au jour des ossements du passé.

Par archives, j'entends d'abord la masse des choses dites dans une culture, conservées, valorisées, réutilisées, répétées et transformées. Bref, toute cette masse verbale qui a été fabriquée par les hommes, investie dans leurs techniques et leurs institutions, et qui est tissée avec leur existence et leur histoire. Cette masse de choses dites, je l'envisage non pas du côté de la langue, du système linguistique qu'elles mettent en œuvre, mais du côté des opérations qui lui donnent

(Dessin de CABU)

idées, de la connaissance, de la pensée en général. Aussi, il est possible de faire l'histoire de la paralysie générale, l'histoire de la pensée de Pasteur, mais on peut aussi, à un niveau qui a été assez négligé jusqu'à présent, entreprendre l'analyse historique du discours médical au XIXe siècle ou à l'époque moderne. Cette histoire ne sera pas celle des découvertes et des erreurs, ce ne sera pas celle des influences et des originalités, mais l'histoire des conditions qui ont rendu possibles l'apparition, le fonctionnement et la transformation du discours médical.

Je suis aussi opposé à une forme d'histoire qu[i] pose le changement comme donnée et qui se propose comme tâche d'en découvrir la cause. Je crois qu'i[l] y a pour l'historien une tâche préliminaire, plus modeste, si vous voulez, ou plus radicale, qui consiste à poser la question : en quoi précisément a consist[é] le changement ? Ceci veut dire...

N'y a-t-il pas entre plusieurs niveaux de changements certaines modifications immédiatement visibles

『ル・モンド』紙に掲載されたフーコーへのインタビュー記事（1969年5月3日付）

それゆえ、『知の考古学』は、具体的な歴史記述を内容とする他のフーコーの著作とは異なり、きわめて抽象的な形で考古学の理論と方法を展開する。この書物は大変難解であり、限られた紙面ではとうていその内容を語り尽くすことはできない。この点についてはのちほど考えてみることにするが、一つだけ先取りして確認しておくなら、『知の考古学』とは「言説的実践」の歴史を理論的な側面から扱う書物である。このように、さしあたりは『知の考古学』の読解のヒントをたぐり寄せるだけにとどまるだろうが、この著作は七〇年代に展開される中期フーコーの思索をすでに視野のなかへと収めており、「知と権力」という新たなる思想的次元への入り口となる重要な書物であることも理解しておこう。

初期の著作の広がり

さて、多くの思想家の場合がそうであるように、初期フーコーの著作には、その後の思想的な展開を予期する数多くのテーマがちりばめられている。実践、経験、監禁、視線、性、道徳、系譜学……、これらの言葉はのちのフーコーにとって重要な意味合いを持つことになるが、すでに六〇年代初めに出された『狂気の歴史』や『臨床医学の誕生』のなかに見つけることができる。また、『言葉と物』では意識的に退けられていた諸科学と社会との関係性についても、当の人間が人間自らを科学的な対象として措定《そてい》する知の配置がどのように権力的社会とリンクしてゆくのか、という点で、この時期の研究はのちのフーコーの思索と密接な関係を保つ。そして、フーコーは自分の思想的な歩みが進むとともに、初期の作品を別の角度から解釈し直し、たえず新たな光を当てようと心がけてもいた。こうした初期のテーマがあとあとのフーコーの思索にとってどのような響きを奏《かな》でることになるのか、という点については、この本の先で順々に考えてゆくことになるだろう。

では、できるだけ簡単に、一九六〇年代にフーコーが発表した『狂気の歴史』、『臨床医学の誕生』、『言葉と物』、そして『知の考古学』の概略を順に見てゆくことにしよう。

二　『狂気の歴史――古典主義時代における』（一九六一年）

狂気と理性の分割

第一部「フーコーの生涯」でも触れたように、もともとこの研究はフーコーの博士論文として書かれたものである。この著作には博士論文審査用に出版されたプロン版から始まり、縮約版も含めていくつかの版が存在しているが、一九七二年、ガリマール社の「歴史叢書」シリーズから刊行されたものが完全版である。各版の序文に関しても複数存在しているが、その詳しい事情はさておき、ここではフーコーの「狂気」に関する見解を簡単に紹介するにとどめたい。

そもそもフーコーが狂気に関心を抱いた背景には、彼自身が青年期に直面していた極度の精神的混乱や、ビンスワンガー、ラガッシュといった人々との出会いも大きな役割を演じていると思われる。だが、フーコーの述べるところによれば、直接的には次のような体験が彼を狂気の研究へと導いたらしい。

一九五〇年代半ば、フーコーはリール大学で助手を務めるかたわら、パリでの心理学研究に多くの時間を費やしていた。当時、彼が研究の場にしていたのは、パリのサン‐タンヌ病院の精神科である。その場所でフーコーは、「監禁というきわめて異常な現実を意識するようになった」という。彼を打ちのめしたのは、監禁する側もされる側も、それがあたかも当然であるかのように過ごしている姿であった。

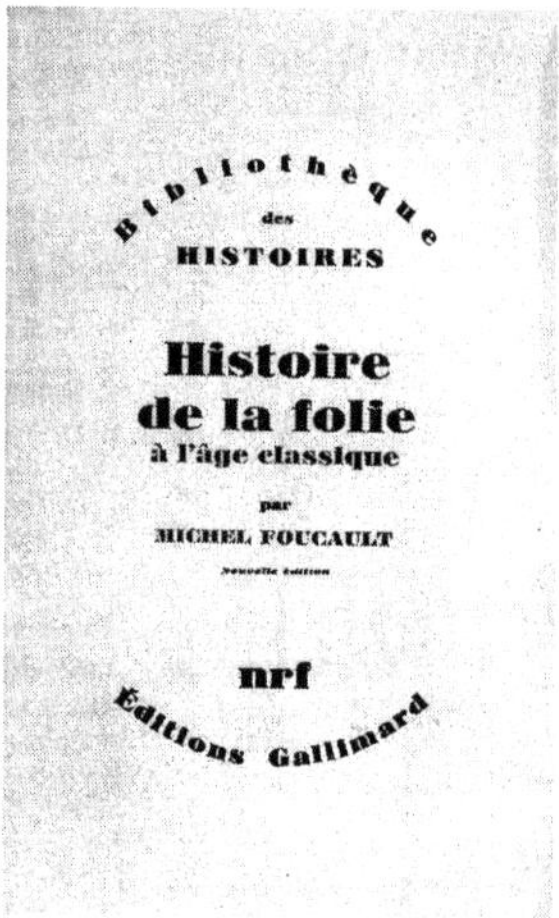

『狂気の歴史——古典主義時代における』（ガリマール版）

フーコーは自問する。しかし、疑われることもなく、日々自明なこととして行われている「監禁」という実践や、「狂気」という精神病理学上の対象とは、実を言えば、ある歴史的な産物として形づくられたものにほかならないのではないだろうか。とするならば、現在の精神病院の姿はその結果にすぎない。では、「理性」の側に身を置く医師と「狂気」の側に置かれた患者の間に引かれた分割線は、いつごろ、どのような歴史的背景をもって成立したのであろうか。フーコーは、その歴史をさかのぼろうと試みる。こうして生まれた研究が『狂気の歴史』なのである。

沈黙の考古学

ところで、具体的にフーコーはどんな手法を用いて、理性と狂気が歴史的に分割されるゼロ地点を見定めようとするのだろうか。なるほど、これまでに蓄積されてきた精神医学上の理論を検討し、それを歴史的に整理することによって、狂気とは何か、という問いに答えが得られるのではないだろうか。しかしながら、それでは理性の側が一方的に述べてきたモノローグをひたすら追認するだけで、狂気と理性の関係性を問うことはできない。フーコーにとっては、単に学説上の精神医学史を書くことが問題となっているのではないからだ。そうした立場では、理性の側の声にしか耳を傾けないことになる。

では、狂気の側に身を置くことが可能だろうか。しかし、この立場は実現不可能なものであろう。もはや、私たちは狂気の世界へと歩み寄るための共通言語を持ち合わせてはいない。たとえ狂人とされる人々が何を言おうとも、私たちは理性の側から解釈するしか手立てがない。言葉を発しても聞き入れられず、聞き入れられたとしても理性の側がそれを診断してしまう、そんな役割が狂人には割り振られているのである。

このように整理してみると、狂人とは本質的に対話を拒絶された「沈黙の存在」だといえる。あるいはむしろ、理性の眼前に身を呈していながらも、彼本来の営みが完全に剝奪《はくだつ》されている「不在」と言ったほうがいいかもしれない。

そこで、この「沈黙」を掘り下げるためには、理性の側の一方的な堂々めぐりでもなく、どだい不可能な狂気の側への歩み寄りでもなく、その双方の役割を一度に可能とした知の歴史的条件づけが検証されなければならない。この視点に立ってはじめて、理性と狂気を分割した歴史的な図式が見えてくるだろう。それは当時のフーコーが、パリのサン＝タンヌ病院の精神科において、医者でも患者でもない立場で精神医学を研究していた状況にいくぶん似通っている。フーコーの述べる「沈黙の考古学」とは、このような試みなのである。

狂気の構造論的研究

フーコーは、狂気を狂気として封じ込めた日常的な実践と、それを科学的対象として浮き彫りにした理論的な諸要素を、歴史的にくまなく検証しようとする。理性に特権的な位置を提供したものは、そうした社会的な知の基盤である。ここで、知に関する議論を思い起こしておこう。狂気という対象を成立させる知とは、学問上の諸見解、さまざまな概念、制度、法的・治安上の処置、諸々の社会的施設や私たちの日常的な実践を一度に貫いているはずである。そして知は、ある時代に生まれ、ある時代には変異してしまうような、歴史的な対象をつくり出している。

狂気を狂気として排除している現在の私たちの身振りも、歴史的に形成されてきたものである。私たちが疑うことなく、医学上の価値を認めている狂気とは、実は歴史的な産物なのであり、狂気に対する現在の私たちの見方や接し方は、思いのほか近い時期に誕生したものであるかもしれない。これらの問いに答えることは、狂気に関する私たちの「感受性」の歴史、あるいは狂気についての社会的「経験」の歴史をひもとくものとなるだろう。このような狂気を産出した知の総合的な構造研究こそ、ここでフーコーに必要とされる視点である。

フーコーによれば、西欧世界における狂気の経験は、歴史的に三つの段階をへて現在にいたっているという。

ルネサンス期

第一段階。ルネサンス期である十四世紀から十六世紀にかけて、狂人たちは今よりもはるかに社会に溶け込み、受け入れられていた。この時代、狂気は無秩序のあかしではあるが、それゆえ文化を担う積極的な原動力でもあった。狂人たちによって演じられる数々の演劇や祝祭も催され、道化としての狂人こそが真理を語る役割さえ持っていた。また、ドイツの風刺詩人ブラントの『阿呆船』やオランダの人文主義者エラスムスによる『痴愚神礼讃』等、文学的主題としての重要性も目を引く。この時代には、教養を持つ多くの知識人たちが狂人との対話を貴重なものと考え、それを文化へと昇華させていった。

実際、社会的にも狂人は比較的自由に動き回ることができた。この時期ヨーロッパでは、他の町からやって来た狂人たちは、しばしば「阿呆船」と呼ばれる船に乗せられて元の場所へと移送されていたものの、それは決定的な排除を意味するものではない。狂人を阿呆船で旅立たせることは、当時、人々が抱いていた「死」にまつわる不安と宗教上の儀礼が反映された結果にすぎなかった。天真爛漫に笑う狂人の姿は、それゆえかえって死の空しさを人々のなかに呼び起こし、狂人はきたるべき死の瞬間を体現している存在として人々の目に映る。そこで人々は、あたかも狂人を「あの

ボッシュ「阿呆船」（ルーブル美術館）

世」に送り出すかのように、阿呆船を旅立たせたのである。オランダの画家ボッシュの手による「阿呆船」という絵画は、まさにこの姿を描いたものであった。

この時代における狂気は、寛容なる社会のなかで漂うことができた。そして例えば、モンテーニュが理性についての議論を推し進めようとも、つねに人間は狂気を内に含む存在であり、理性は狂気を排除するものではなかった。

大いなる閉じ込めと社会の不適格者たち

第二段階。狂人を取り囲む環境は十七世紀に一変する。一六五六年、パリに「一般救貧院」が設立され、その後、フランス全土に次々とこの種の施設がつくられる。この施設は、性別、出身、年齢、地位、健康、不健康を問うことなく、あらゆる貧困者を対象とする収容施設であった。そこに収容される者たちは、自ら申し出る者もいれば、王権や司法上の判断によって送り込まれる者たちもいた。怠け者、乞食、放蕩《ほうとう》者、困窮した老人、身体の不自由な者、知恵遅れ、狂人……、こうした雑多な人々が、突然、一つの場所に閉じ込められるようになったのである。ときをほぼ同じくして、イギリスやドイツにおいても、「感化院」と呼ばれる同様の施設の強化・再編成が行われた。こうした監禁の実践は、十八世紀末にはヨーロッパ中を覆い尽くすことになるだろう。

このような施設の使命は、医学的なものではない。そこに収容される者たちは、医療を受けることが問題なのではなくて、社会に適応できないゆえに監禁され、しかるべき矯正《きょうせい》が施される人々であるといえる。つまり、その隔離の基準は、社会に対する適、不適なのである。当時の貧困者とは、社会的に不適当で劣った人物にほかならず、各人の貧困の原因は「怠惰《たいだ》」によるものとされた。もはや十七世紀には、盲目的な貪欲《どんよく》さを嫌う中世以来の牧歌的な西欧社会は影をひそめ、その代わりに台頭してきたのは勤勉なる労働を貴《たっと》ぶ社会であった。怠惰とは社会に対する反抗的態度であり、富の生産、流通、蓄積といった経済活動に参加できない者たちには更生してもらわなければならない。そこで、つねに一般救貧院や感化院内では、収容された者たちに強制労働が課せられ、各人に働くことが叩き込まれたのである。

このような社会的な規範と逸脱の図式は、宗教的、あるいは道徳的な分野についても一貫するようになる。例えば、十七世紀末に書かれた、あるキリスト教の文献のなかには、「善い貧乏人」と「悪い貧乏人」がはっきりと区別されている。善い貧乏人とは一般救貧院や感化院で施される処置に従順な貧困者であり、一方、悪い貧乏人とは反抗的で聞き分けのない、邪悪な者たちにほかならない。そしてまた、社会秩序の基盤となる道徳に関しても、貧困な者たちの姿には道徳上の危機が読み込まれてゆく。貧困を招いてしまう人々は、本人の「気ままな振舞い」に原因があるのであり、ひいては犯罪に手を染めてしまう可能性を持つ人物なのではないか。貧民とは、道徳が欠如している者であり、治安維持にとっての敵ともなった。

理性と非理性

このように、働かず、貧困で、社会に適応しようとしない人々に対する監禁の実践は、十七世紀における新たな社会空間の再編成を目に見える形で可能なものとした。それまでも、ハンセン病患者に対する収容処置は行われていたが、ここでの監禁の意味はまったく次元が異なる。この時期から西欧世界には、それぞれ理性と非理性へと割り当てられた隔絶された二つの空間が登場することになったのだ。理性の側には、規範に則する「正常な人間」が身を置き、そうした「まっとうな人物」こそ「法的主体」としての責任を果たすことができると見なされる。それに対して、社会から逸脱した存在は、例外なく非理性の側へと投げ込まれるようになるだろう。単に貧困を理由として収容されるだけではなく、宗教的・道徳的観点から理性の側に属してはいないとされる者たちも監禁の対象とされ始めるのである。破廉恥《はれんち》な聖職者、無信仰な人々、親不幸者、同性愛者、性病患者らが、次々と非理性の側に飲み込まれてゆく。この時代の狂気とは、こうした雑多な集まりからなる「非理性」のうちの一つの要素でしかなかったが、この環境の完成こそ、のちの精神医学を生む社会的な知の前提条件となった。

十七世紀フランスの哲学者デカルトによる理性と狂気をめぐる思索には、以上のような図式がよく体現されていた。方法的懐疑を通り抜けて獲得された、「われ思う、ゆえに、われ在り」という命題は、思考する「われ」が夢のなかにいる状態でも、狂気に取りつかれた状態でもないことを前提としている。そこでは、狂気は最初から周到に退けられており、思考にとって警戒が必要とされるものとは、誤謬《ごびゅう》と錯覚のみである。このデカルトの理性への確信は、前の時代にモンテーニュによってなされた懐疑とはまったく違う性格を持つものであろう。モンテーニュは、自分が夢を見ているのではなかろうか、あるいは自分が気違いじみてはいないのか、という問いに確信をもって答えることができなかった。だが、そもそもデカルトにおける理性の議論には、そうした可能性すら除外されている。理性の側にある者にとって、もはや自分の内面には狂気は存在しなくなった。

この見解に関して、ジャック＝デリダは一九六三年の口頭発表において反論を試みた。フーコーはなぜ当時の狂気を理解しえるのか。フーコー自身が述べるように、狂気とは不在ではなかったのか。そして、なぜデカルトでなければならないのか。あるいは狂気を問題とするうえで、構造と歴史は両立しえるのか。かつての教え子によって発せられたこうした疑問に対して、フーコーは長い沈黙を守った。しかし、フーコーは七〇年代に入ってから、デリダがテクスト偏重指向を持っていると述べ、それに自分の言説理論を対置する形で反論を試みている。

大いなる解放

話を戻そう。狂気の歴史的第三段階である。理性と非理性の分割によって、狂気は沈黙の存在に身を落としていたが、十八世紀には、そうした非理性の扱いに微妙な揺らぎが生じる。フランス革命前後には、恣意《しい》的な監禁が政治的に告発されたり、監禁施設は圧制の象徴として非難されるようになる。非理性の空間として囲い込まれていた領域は、徐々に解放されてゆく道行きとなった。収容者の監禁が解かれ、彼らに経済的援助や医療を施す努力がされ始めてゆくことだろう。だが、狂気に対する実情はそれほど単純なものではない。

非理性として囲われていた監禁の空間を解放することは、そこに収容されていた人々に対する分類が細分化されたことを意味する。ある者は、犯罪者として、あるいは医療の対象として、各人がそれぞれ新たな場所へと引き抜かれてゆく。たしかに十八世紀には狂人も、いくつかの症例へと分化され始め、さかんに治療が試みられたのは事実である。しかし狂人たちは、この大いなる解放にあっても、すぐには監禁から免れることはできなかった。狂人とは、家庭や社会にとって、あいかわらず危険な存在であり、最後まで非人間的な扱いのなかで隔離収容が継続された人物だった。今や、あの「非理性」の閉鎖的な監禁空間は狂人だけのものとなった。

テュークとピネル

しかし、それからさほどときを隔てぬ十八世紀末から十九世紀初頭にかけて、今度はやっと狂人たちにも順番が回ってくる。宗教的慈悲と医学的判断が狂人たちを監禁から解放しようと試みたのである。イギリスの宗教家サミュエル＝テュークは、狂人たちを田舎の田園内で共同生活させ、疑似的な家族環境によって狂人たちに理性を呼び起こそうとした。また、フランスの医師フィリップ＝ピネルは、独房で鎖につながれた狂人たちの環境を問題とし、自ら狂人の開放的な保護施設をつくる計画に乗り出す。

こうした狂人たちの解放は、博愛主義と誠実な医学の勝利によるものなのだろうか。が、フーコーによれば、テュークやピネルが試みたことは、さらに巧妙に狂人たちを縛り上げ、社会につなぎとめる試みであったという。

たしかにテュークやピネルは、それまでの監禁状態を問題とし、博愛主義と治療という観点で狂人たちを不衛生な暗闇から解放した。しかし、彼らが新たに用意した狂人専用の場所とは、狂気を理性の力によってねじ伏せ、狂人たちに目には見えない形で足かせをはめる技術を持つものであった。というのも、テュークやピネルがつくった施設内では、日々の細かい生活規則が厳格に定められており、狂人たちにはそうした規律に従うことが強要されていた。そこでは、狂人たちが、自分自身を社会的な道徳基準と照らし合わせてみた場合に、今ある自分の姿が愚かしいということを悟らせることが目的なのであり、それこそが治療であるのだ。つまり、自分が社会から逸脱した存在であることを自覚させ、たえず自分自身に「たが」をはめさせる。そのために、狂人たちは一日中職員の監視の目に拘束され、それを鏡にして、劣った自分を内面化させられる。「治癒」とは、従順さであり、その評定を下すのは理性の側しかありえない。言い換えるなら、テュークやピネルの施設は、狂人に対する理性側の管理技術が磨かれる場であったといえる。そして、こうした理性の特権的な位置が確保されたからこそ、狂気を対象とする科学も成立しえたのである。

心理学的人間の誕生

フーコーによれば、やはり同様にこのような歴史的背景のうえで心理学も成立できたという。自分自身が理性的であることを確認するためには、理性ではないものが必要とされる。十九世紀以来、そうした役割を決定的な形であてがわれた人々が狂人である。西欧近代は、狂人の言葉を本質的には聞き入れず、狂気を不在にしながらも、巧妙に社会に連結することに成功した。人々は自分が正常であることを「狂人ではない」という形でしか確認できない。だが、その結果、西欧近代の人々にはたえず狂人を蔑《さげす》みながら自らにも不安と疑いの目を向けるという反動も生じる。この自分の内面に対する反復運動へとらわれることによって、心に関する科学が成立し、その価値も保証されているのである。

心理学の発展過程もまた、理性と非理性の図式をもとに成立した。例えば、「二重人格」の分析から人格心理学が、「健忘症」の研究から記憶心理学が、「失語症」の検討から言語心理学が、そして「精神薄弱」の研究から知能心理学が、それぞれの探究をスタートさせることができた。私たちの心を対象化し、その仕組みを明らかにするためには、やはり狂気という鏡が必要とされたのである。

いずれにせよ、心という対象は、あの大監禁以来の分割の図式をもとに生まれた。非理性が排除され、「異常な心」を持つ人々が登場し、彼らを本質的な「沈黙」のなかへと追いやることによって、「正常な心」やその仕組みが仮定されているのである。

「パスカルによると、〈人間が狂気じみているのは必然的であるので、狂気じみていないことも、別の狂気の見方から言うと、やはり狂気じみていることになるだろう〉。また、ドストエフスキーには『作家の日記』のなかに、〈隣人を監禁してみても、人間は自分がちゃんと良識を持っているという確信が持てない〉という文章がある」(田村俶訳『狂気の歴史』新潮社、一部変更)

フーコーは『狂気の歴史』において、この「別の狂気の見方」からの歴史を試みた。そしてまた、彼は「ちゃんと良識を持っているという確信が持てない」西欧近代における心理学的な人間の、不安に駆られた姿を暴《あば》いたのであった。

三 『臨床医学の誕生——医学的まなざしの考古学』(一九六三年)

臨床医学と知の切断

この著作は、ジョルジュ＝カンギレム監修の「ガレノス」シリーズの一冊として、フランス大学出版社から刊行された。前著『狂気の歴史』と比較するなら、大変限定された歴史上の一時期のみを扱った研究であり、それは十八世紀末から十九世紀初頭に起こった医学史の切断を明らかにする内容を持つ。出版直後、精神分析学者ジャック＝ラカンは、いち早く自分の授業でこの書物を取り上げたという逸話《いつわ》が残っているが、当時はまだ、おおよそ専門家の注目しか集めなかった著作である。

さて、「臨床医学」とは、実地に医療活動にたずさわる医学であり、その活動と資料蓄積を通して、医学的理論と技術を深める性格を持つ。それゆえ臨床医学は、一方では生物学、生理学、解剖学等の諸学問とのかかわりを持ち、他方では病院、福祉施設、大学などの臨床教育の場、器具や技術、行政、司法等々と切っても切れない関係にある。フーコーは、『狂気の歴史』と同様に、このような多種多様な歴史的要素をもとにして、現在の臨床医学の歴史的成立基盤を構造論的に考察する。

フーコーは、この書物を十八世紀半ばに書かれた医学文献の一節から始めている。その文献に用いられている表現は、現在の医学から見るならば、あいまいでつかみどころのない記述を持つ。それに対して、十九世紀初頭に書かれた医学上の文献を読むかぎり、その記述のあり方は現在の医学とほぼ共通した性質を持ち、読み手にとって内容を理解することが容易であるという。それは、医学における記述の様式が単に洗練され、発展したということを示しているものなのであろうか。フーコーによれば、事態はそれほど単純なものではなく、問題は医学上の表現や文体に関するレベルに収まるような性格ではないという。

十八世紀末までの疾病分類学

十八世紀における医学では、さまざまな病いを分類することに主要な関心が置かれていた。疾病分類学に基づく医学は、ある患者が抱える症状を外部からなるべく正確に見定め、それを病気の分類と照らし合わせることによって、治療方針を決定していた。つまり、病いの種類を峻別《しゅんべつ》するための分類基準がまず存在し、病気の本質はそれによって判断されていたのである。

「肉体の厚みのなかに取り込まれる以前に、病気は科、属、種へと、階層化された編成を受ける。これは一見、諸疾患の繁茂する領域を、学び、記憶しうるようにするための、一つの《一覧表（タブロー）》にすぎないように見える。しかし、この空間的《比喩《ひゆ》》よりもさらに深い意味で、しかもその比喩を可能ならしめるようにするために、分類学的医学は、病気についての、ある種の《布置》を前提としている」（神谷美恵子訳『臨床医学の誕生』みすず書房、一部変更）

　このような知の前提からするならば、早い時期に患者へ薬を与えることは避けるべき事柄であるとされた。なぜなら、薬が思わぬ作用をもたらしてしまい、その患者がいったい何という病いに分類されるべきなのか、という点を見誤る危険があるとされたからである。また、患者はなるべく自然な環境に置かれるべきであるとも考えられた。環境の変化が患者に何らかの影響を与えてしまうと、やはり病気の本質を判断できなくなるおそれがあるからである。そこで、人間にとってもっとも自然な環境として「家庭」が想定され、自宅での治療が推進された。この時代の医学は、分類を主とする知の枠組みのなかで成立していたのであり、対象として現われる病いはつねにそれに沿って秩序づけられねばならなかった。

医学の政治化と教育改編

だがその時期、一方では個別的な医療を超えて、社会的観点から病いを考えることが要請され始めた。流行病に関する医学である。この場合には、社会に病いが蔓延《まんえん》しないように、その予防と日々の公衆衛生への配慮に重点が置かれ、社会における医学の組織化と情報の収集も求められた。

例えば、一七七六年、フランスで「王立医学協会」が設立される。この機関は、人々の流行病や家畜の病いの管理といった社会的な疫病に対する処置を目的として設立されたが、次第にフランスにおける医療の社会的な組織化を請け負うものとなった。社会と病いの関係を問う観点から、フランス全土の医療活動を管理・記録し、有効な措置が模索され始めたのである。そして、フランス各地の地誌（その土地の状況、地質、水、住民の気質等）や気象に関する情報も集められ、医師たちの組織化もなされる。ここで医学の中央集権化が遂行されたのである。

こうした医学の中央集権化は、歴史に新たな観念を導いた。「健康」である。健康とは、単に病人に対比される存在ではなく、各人にとっても社会にとっても、あるべき姿を意味する。それは、社会のなかに新たな人間を誕生させることになるだろう。「健康な人間」とは、「模範的な人間」であり、「正常な人間」である。もはや、医学は病人に対して医療を施すだけではない。健康な生活を送るための指導を担当する教化機構であり、社会の管理体制の一端を担うようになった。

十八世紀末に起こったフランス革命は、医学に関する新たな組織化も促した。絶対王政の香りを残す権威的な機関が次々と廃止・改編され、医学アカデミー、医師同業組合、医科大学等は撤廃、一般救貧院については見直しが行われた。だが、こうした体制の激変は医学教育の混乱も意味しているだろう。革命政府は、暫定的に「衛生学校」を設立したが、それはまだ不十分なものであった。

臨床医学という実地に医学を習得する営みは、もちろん以前からも存在していた。例えば、一六五八年、ライデンでフランソワ＝ド＝ラ＝ボエは、病院に臨床医学講座を開設している。しかし、その内容は疾病分類学によるものであり、ひたすら確認するべきものは症状とその分類であった。医学生たちは、一方的に教師である医学者から、その分類上の知識を流し込まれるだけだった。こうした古典的な疾病分類学の臨床学習も、革命期の激動で、さらに混乱するばかりである。

「幾人かの死体を切り開いてごらんなさい」

その臨床教育の改編期に一人の医学者が登場する。フランスのビシャである。このビシャこそが、自分では気づかないままに医学史上の切断を体現する人物となるだろう。もともとビシャは、疾病分類学をさらに精緻にするためにメスを手にした。病気の症状を的確に分類して効果的な治療を施そうとする問題意識とあいまって、自然なりゆきからその根源に関心が向けられたのであった。しかし、そうしたビシャの試みは、病気を分類する意図を超え、新たなる対象の到来を告げるものであった。身体とその内部である。

当時、病理解剖はすでに行われてはいたが、疾病の分類がまず重要であり、患者の外面＝表面こそが観察の対象であった。そこでは、解剖は付随的なものにすぎず、治療とも医学教育とも密接には結びついてはいなかった。しかしながら、ビシャは疾病分類学の見地から一つの疑問を抱いていた。患者の身体にときを追って現われてくる症状は、体内の組織とどのような関係を持っているのか。そして、病いによって死ぬことはどのような過程をたどるのだろうか。ビシャはこうした疑問に答えるべく、病いで命を落とした患者の死体を解剖し始める。

ここで重要な点は、ビシャが患者の「生」と「病い」と「死」を一つの論理で関連させる問いを提出していることである。それまで生は死と対立する事柄ではあったが、それは人が必ず死を迎えるという絶対的な事実しか表わしていなかった。死は生の限界のみを示し、それが病いを原因とするものなのか、それとも寿命によるものなのか、といった区別は明確にはなかった。死は死以上のものでも以下でもない。しかし、ビシャの問いは、死を契機として、それを引き起こした病いを体内に見定め、そして生に関する生命論にたどり着くことになる。人間の生は、死をもとにして考えられるようになった。病いとは、健康から逸脱した身体の生であり、その先に最終的には死が待ち構えている。

医学的まなざしの成立

こうしたビシャのアプローチは、医学の視線と言語の関係を新たなものにする。死の直後になされる死体の解剖は、次々と体内における器官を確認し、言語によってそれを表現してゆく。臨床教育も表面的な症状の分類ではなく、体内の器官と病巣の明示として、医学生たちの目をもって教え込まれるようになる。この瞬間から、人間の身体は、部分からなる全体となった。人間の身体とは、各器官の有機的な結合体となり、厚みを持った個人の身体という新しい対象が医学史に登場することになる。

『臨床医学の誕生』

十八世紀までは、医師は患者に対して「どうしたのですか」と問いかけた。しかし、今後は「どこが悪いのですか」と問うことになった。この切断の間には、ビシャに体現されたような、近代医学における「可視性」と「言いうるもの」の可能性が開けたのであった。こうした医学上のまなざしと個人の身体という対象の成立は、十九世紀初頭に出現した新たなる知の配置によって可能となったものである。「何世紀もの間、見えるもの、言い表わしうるものの限界の下にとどまっていたものを、十九世紀初頭にいたって、医師たちは描き出した」のである。そして、著者フーコーも同じ知のなかにいるゆえに、この切断以後の医学文献の内容を理解できるのであった。それは医学領域にとどまることなく、西欧における「個人」という概念を決定的なものとし、それを社会における対象として浮き彫りとする知の基盤でもあったのである。

四　『言葉と物――人間諸科学の考古学』（一九六六年）

思考の台座

『言葉と物』は、一九六六年、ガリマール社から「人間科学叢書」の最初の著作として出版された。フーコー自身が認めるように、この書物は彼の著作のなかでもっとも複雑な内容を持ち、のちには自分の著作では気に入らない一冊であるとも述べられた。しかしながら、『言葉と物』は驚異的な売れゆきとなり、大ベストセラーとなった。現代フランスを代表する映画監督のジャン＝リュック＝ゴダールですら、自分の作品のなかで『言葉と物』を批判的に取り上げたほどである。

難解な内容を持つ『言葉と物』ではあるが、フーコーの問題意識は素朴な疑問から始まった。それは、アルゼンチンの文学者ボルヘスが紹介している中国のある百科事典からである。

その事典には動物の分類について次のように記されている。「皇帝に属するもの」、「乳呑み豚」、

「人魚」、「お話しに出てくるもの」、「放し飼いの犬」、「この分類自体に含まれるもの」、「いましがた壷を壊したもの」、「遠くから蠅《はえ》のように見えるもの」等々。こうした分類は読む者の笑いすら誘う。が、しかし、この無意味にも思える分類を成立させている思考の枠組みとは、いったい何なのだろうか。同様に西欧社会の思考史においても、時代を支配する思考の台座が存在しているのではなかろうか。

それぞれの時代、それぞれの社会には、エピステーメーと呼ばれる思考の台座が存在している。フーコーは、こうした問いを、ルネサンス期から現代にいたる膨大な文献資料をもとにして、丹念にひもといてみせる。彼は、西欧思考史上に三つの地殻変動を確認した。十六世紀末、十八世紀末、そして現在進行しつつある知の配置転換である。前に述べたように西欧思考史におけるエピステーメーは、三つの断層で区切られた、四つの時代として姿を現わすだろう。それは順に、十六世紀ルネサンス的エピステーメー、十七・十八世紀の古典主義的エピステーメー、十九世紀の近代的・人間主義的エピステーメー、そして、今後到来が予感される新たなるエピステーメーである。『言葉と物』では、とりわけ十九世紀の生物学、経済学、文献学という諸科学が、それぞれ十七・十八世紀古典主義時代の博物学、富の分析、一般文法との対比によって検討される。では、それらのエピステーメーの素描を試みることにしよう。

ルネサンス期のエピステーメー

まずは、十六世紀ルネサンスの時代である。この時期の思考の特性は、「類似」である。この思考の台座の上では、事物は他の事物と「似ている」という観点から関係づけられ、秩序立てられる。例えば、頭部の病気を予防するためにクルミがしばしば用いられたのは、クルミの堅い殻が頭蓋骨に似ているからであり、さらにはクルミの実が脳を連想させたからであった。こうした「外徴」にこそ、事物の関係性が記されているのであり、このエピステーメーにおいては、その関連は無限に開かれていた。事物どうしの連関は限界のない過剰を意味し、それを読み解くためにはルネサンス的な深い学識が要求された。いわば、世界は散文のごとく広がる解釈の場である。

言語についてはどうか。この時代の言語は、やはり自然に存在している事物と同等なものであり、言語が持つ意味も類似を想起させるためのものでしかない。そこでは目に見える形で存在する「書かれた言語」に優位性が置かれ、そしてそれのみが考察の対象とされた。つまり、ルネサンス期における事物と言語は、まったく同じ平面上で互いに結びつけられ、取りとめもない連想の連なりを形成していたのである。

ドン＝キホーテ

しかし、そうした類似によって事物が関連する世界が、あるとき突然崩れ始める。そのことを示す作品が、十七世紀初頭に出されたセルバンテスの『ドン＝

ドーミエ「ドン＝キホーテとサンチョ＝パンサ」（サン－ドニ美術館）

キホーテ』である。貧しい田舎に暮らす主人公のドン＝キホーテは、かねてから騎士道英雄の物語に心酔しており、自分自身も英雄になることを決意して旅に出る。その旅すがら、彼は以前英雄物語で読んだ筋立てに少しでも似通ったものがあれば、それを誇大に解釈して勇敢なる英雄を演じてみせようとする。彼にとっては、風車は巨人に、家畜の群れは軍隊に、街道宿は城に、そしてその宿の女中は貴婦人に見えるのだ。だが、人々から見れば、そうしたドン＝キホーテの行動はもの笑いの種でしかない。

　主人公はルネサンス期の類似の世界に生きており、言語と事物が同等のレベルでからみ合う連関のなかに身を置いている。しかし、それは空しく破綻《はたん》している。なぜなら、この作品を可能とする思考の台座は、すでにルネサンス期のエピステーメーからはみ出していることを告げており、世界は新たな秩序によって支配されているのである。それゆえに、ドン＝キホーテの行動は滑稽《こっけい》であるのだ。

ときを隔てて出されたこの作品の第二部には、何と第一部を読んだという人物が当の物語内に登場するが、そのことは作品が作品自体のなかに織り込まれ、現実の世界から切り離された純粋な物語の空間が形成されていることを意味している。この事態が象徴的に示すのは、自然に存在する事物と言語の空間が、ルネサンス期における同一の平面からそれぞれ身を分かち、互いに別の役割を担うようになった知の到来である。言語と物は分離した。


十七・十八世紀古典主義的エピステーメー　「表象」の時代がやって来る。つまり、言語と世界の関係は、言語が独自の空間で世界を代行（表象）するものとなった。世界に存在するさまざまな事物は、言語によって代行され、自然の秩序立ても言語を介してなされる。言語はただそれだけで何かの代理を務めることができ、表象の背後には何の深みも闇もない。言語の秩序こそが世界の秩序なのであり、明晰《めいせき》で明るく透明な関係を言語と世界は獲得している。いわば、それは「一覧表（タブロー）」として秩序づけられる空間であり、世界の秩序はそのタブローの上で自律し、安定と均衡を保っている。

この時期、デカルトは、前時代の思考の枠組みを司《つかさど》っていた類似に対する批判を行っているが、それはエピステーメーが新たに組み替えられたことを端的に示している。デカルトが類似を退けるのは、その観念が同一性と相違性、計量と秩序といった、物事を明晰に判読しようとする古典主義的な思考を阻害するからである。

このような古典主義的エピステーメーの表象空間においては、言語は疑う余地なく何かの代理を務めているのだから、世界とその表象を請け負う言語の間には、解釈する人間が滑り込むすき間などありえない。人は何も創造することなどなく、固有な役割を持たぬ被造物の一つにすぎないのである。この思考の台座は諸々の学問のあり方も規定しており、ヨンストンスやリンネの博物学はひたすら事物の分類にたずさわり、ローやコンディヤックの富の分析は何らかのものが他のものを同じ価値として表象するかぎりにおいて交換を分析し、ポール・ロワイヤルの一般文法は「AはBである」という主語と述語による表象に関心を固定した。これらの諸学問においては、いずれの場合も厚みのある人間は特権的な役割を与えられてはいない。古典主義的エピステーメーには人間なるものは存在しえず、あたかもそれは、ベラスケスの「侍女たち」という絵画の中央にぼんやりと描かれた鏡のなかの王のように、空虚

ベラスケス「侍女たち」(部分。プラド美術館)

マルキ＝ド＝サド（マン＝レイ画）
(©MAN RAY TRUST/ADAGP, Paris & SPDA, Tokyo, 1998)

な位置しか占めてはいない。

サドの欲望

しかしながら、十八世紀末、フランス革命前夜に変異は起こる。『悪徳の栄え』で知られるマルキ＝ド＝サドの登場である。サドはフランス革命の直前までバスティーユの牢獄《ろうごく》に監禁されていたが、彼は人とはまったく正反対の方向から神の存在を証明しようとする時代の異端児である。サドは、ありとあらゆる悪徳をあげつらうことによって、かえって神が現われるだろうと信じるリベルタンなのであった。

例えば、『悪徳の栄え』にあるように、サドはあらゆる悪徳と淫蕩《いんとう》を次から次へと記述してゆく。なるほど、こうした記述のあり方は、言語が何かを表象し、一覧表に秩序立てる古典主義時代の思考の台座に乗っているかのように思われる。しかし、その記述の原動力となり、そしてその対象ともなっている物事は、まぎれもなく厚みのある人間から湧き出る「欲望」なのではなかろうか。ついに西欧の思考史上に、能動的な役割をあてがわれた人間が登場した。古典主義的な思考にのっとって、淡々と欲望の一覧表を記述できたとしても、もはやその背後では、欲望の源泉が謎《なぞ》めいた暗闇の口をぽっかりと開けている。言語自らが世界を表象し、その言語のタブローをもって世界を秩序づけていた自律的な空間のバランスが崩れた。言語はもう何も自発的には語ってはくれない。

十九世紀近代的・人間主義的エピステーメー　世界と言語の間に「人間」が登場することになった。しかも、その双方を結びつけることができるのは、唯一人間だけである。つまり、人間に対して「現象」として現われる世界と、その現象について語り、意味を与えて、それを読めるようにする「言語」を扱うことができるのは、もはや人間のみである。表象の自律性は根本的に疑われ、人々の問いは「そもそも、なぜ表象が、なぜ経験が可能なのか」というものに変わる。こうしたエピステーメーの上で、果てることなく人間の根拠づけが要請され、それとともにその限界も定められることであろう。十八世紀末にカントが展開した「分析論」の試みは、こうした思考の台座の上で可能となったものであった。

諸々の科学も誕生する。キュビエは「生命」のあるものたちを扱う生物学を、リカードは価値としての「労働」の源泉を問う経済学を、ボップは「言語」の本質を問う文献学を打ち立てる。これらの科学において、究極的に問題とされているものは、生き、働き、語る人間という、有限なる存在なのである。その点で、生物学、経済学、文献学は、ともに「人間についての科学」といえる性格を担う。

だが、こうした人間とは、それぞれの領域から限界づけられ、規定され、有限な存在として描かれてはいるが、それらの諸科学は大変不安定で、取りとめもない営みに手を染めている。なぜなら、人間を定義する試みは、その限界と有限性を確定しなければならない半面で、たえずそこからはみ出す経験的な事象の間で揺れ動くことにならざるをえない。人間とは、両義的な存在なのであり、その起源や本質は明確に答えを出すことができない。十九世紀の近代的エピステーメーにおける人間は、その意味で経験的＝超越論的二重体なのである。このエピステーメーがもっとも特徴的であるのは、人間が人間自身を規定しようとする点にあり、それぞれの科学を支える諸々の知の枠組みにおいて、人間は認識の主体であると同時に、その客体＝対象でもあるのだ。

現代の地殻変動

なるほど、近代における人間諸科学の展開には目を見張るものがある。生物学、経済学、文献学（言語学）によって科学化＝対象化された人間モデルを措定することで、心理学や社会学、神話学や文学批評等々の諸々の人間科学は発展してきた。しかし厳密に考えるならば、こうした人間諸科学は、生物学、経済学、文献学（言語学）といった、「人間についての科学」ほど確固とした組織は持ってはおらず、つねにこの三つの科学のかたわらに位置するような準科学とでもいうべき研究領域ではなかろうか。なぜなら、人間諸科学は、研究上の基本概念を三つの「人間についての科学」から借用して発展してきた。生物学の「機能」と「規範」、経済学の「葛藤」と「規則」、文献学（言語学）の「意味作用」と「体系（システム）」という概念である。こういった諸概念を借りることによって、人間諸科学は自らの研究領域を確保してきたのであり、それは人間諸科学がやはり近代的エピステーメーの場で調整されていることを示している。

ところで、より細かく見るならば、人間諸科学の発展段階には、三つの「人間についての科学」に対応した三つの段階があった。まず、生物学的モデルが優勢な時期、次に経済学的モデルが優勢な時期、そして、現在の私たちも身を置く言語学的モデルの時期である。こうした人間諸科学の発展過程を通じて重要なのは、それぞれの諸概念の強調の度合いが変化してきたという点である。機能に対して「規範」が、葛藤に対して「規則」が、意味作用に対して「体系（システム）」が、それぞれクローズアップされるようになってきた。では、「規範」、「規則」、「体系」とはどのような概念であるのか。もちろん、それらの概念は近代のエピステーメーのなかで登場したものではあるのだが、フーコーによれば、そこには独特の兆候が読み取れるという。

人間の終焉

「規範」、「規則」、「体系」といった概念は、近代のエピステーメーに生まれながらも人間から顔を背《そむ》けようとする。それらの概念は、人間の本性の探究へと向かうのではなく、私たちを「人間の外部の諸限界を構成するもの」へとおもむかせるのである。例えば、文化人類学や精神分析学は、人間という一般概念自体を扱うのではなく、文化や無意識に関する規範、規則、体系という観点から、人間を相対化し続けている。レヴィ＝ストロースやラカンの構造主義がもっともそれを体現しているように、そうした諸概念は言語学モデルから派生したものであった。そしてまた、現代文学をはじめとする近年の流れをどのように考えたらよいのであろうか。そこでは作家なるものから積極的な役割が剝奪されつつあるではないか。ルーセルからブランショにいたる現代文学が投げかける作品空間は、明らかに言語が人間の手の内から逃れ去り、逆に人間を規定する方向性を持つ。そこでは、言語自体の存在がますますあらわになり、人々は人間に関する根拠づけを放棄し始めているのではないだろうか。

十七・十八世紀古典主義時代のエピステーメーの姿を思い出しておこう。フーコーによるなら、西欧文明において、かつて人間の実存と言語の存在は、一度なりとも両立したことはないという。それゆえ、言語の存在がせり出しつつある今日、新たな思考の地殻変動が生じているのではなかろうか。もし、そうであるとするならば、と慎重な姿勢を取りながらも、フーコーは新たなるエピステーメーの到来を予感する。そのエピステーメーとは、言語の存在の前で人間の能動性が奪われ、口をつぐみ、消えてゆく時代である。フーコーにおける「人間の終焉」という表現は、この新たなエピステーメーの到来を表わしている。

「もしもこうした配置が、現われた以上消えつつあるものだとすれば、われわれがせめてその可能性くらいは予感できるにしても、さしあたってなおその形態も約束も認識していない何らかの出来事によって、それが十八世紀の曲り角で古典主義的思考の地盤がそうなったようにくつがえされるとすれば――そのときこそ賭けてもいい、人間は波打ちぎわの砂に描かれた顔のように消滅するであろうと」（渡辺一民・佐々木明訳『言葉と物』新潮社、一部変更）

五 『知の考古学』（一九六九年）

理論的吟味と前進

『知の考古学』は、一九六九年、ガリマール社の「人間科学叢書」シリーズから刊行された。『知の考古学』は、他のフーコーの著作が具体的な歴史記述の形態を取っているのに対して、きわめて抽象的で理論的な内容を持っている。すでにフーコーは、前著『言葉と物』の執筆中に、この本の必要性を自覚していた。『言葉と物』の序文の注にあるように、彼は、それまでの自分の歴史記述には、方法論上の定義が欠けていることを認めていた。当初フーコーは、そうした理論的な提示を『言葉と物』の冒頭部分に付け加えようとしていたが、カンギレムとイポリットはそれを次の機会にゆずるよう助言したらしい。

しかしながら、『言葉と物』は予想外の反響を社会に巻き起こしてしまった。フーコーは「構造主義者」と目され、数々の誤解や曲解も流布される。なるほど、以前の著作には「構造」なる表現が見られるのだが、『言葉と物』の評価は混乱するばかりで、当然のことながら、読者の側からフーコーの歴史記述上の理論的な提示を望む声が上がる。そのような状況のなか、一九六八年、フーコーに二つの公開質問状が突きつけられた。一つは『エスプリ』誌によるもの、二つ目は『カイエ・プール・ラナリーズ』によるものである。フーコーは、これら二つの質問状に関し、自分にとって見逃すことのできない内容を認め、それぞれの誌面で回答を試みた。この二つの回答は、翌年出版される『知の考古学』の原型を形づくることになる。

『カイエ・プール・ラナリーズ』第９号（諸科学の系譜学特集）

とはいえ、『知の考古学』という書物は、単にフーコーがそれまでの著作を説明するような解説書ではない。フーコーは次のように述べる。

「あいまいなまま多くの問題が残されていた、これまでの著作でやりたかったことを説明するのであろうか。それだけではないし、それは正確な表現でもない。そうではなくて、さらにもう少し先へ歩み出て、以前私が試みた事柄の手前へと螺旋《らせん》状に新たに一回転すること（中略）、つまり、空白のまま置き去りにされていた《考古学》という言葉に語義を与えてやることである」（中村雄二郎訳『知の考古学』河出書房新社、一部変更）

実際、『狂気の歴史』以来、フーコーは「考古学（アルケオロジー）」という言葉をたびたび用いてきた。しかし今や、さらに理論的に踏み出した地点から、あらためてこの言葉を吟味し、定義し直さなければならない。そうしたうえで、それまで書かれてきた三つの歴史研究（『狂気の歴史』、『臨床医学の誕生』、『言葉と物』）の関係も問われることになるだろう。それゆえ、『知の考古学』は、それまでの歴史研究をもとに記述されているとはいえ、新たなる視点から以前の著作を修正する使命も与えられている書物である。

モニュマンとドキュマン　さて、フーコーにとって必要とされているものは、考古学という言葉で表現される、歴史記述の方法論を練り直すことである。まず、初めは歴史記述を行うために必要となる史料の問題である。

フーコーによれば、歴史を記述するうえで、史料は二つの性質を持つものであるという。

第一に、史料とは過去において生み出され、そして残された「記念碑（モニュマン）」としての性質を必ず持っており、歴史的残存に耐えうる物質上の支えがなければ、ときを隔てた現在の私たちの目にとまることができない。具体的に言うなら、紙の上に残されたインク、石碑に刻まれたくぼみ等、史料は物理的側面を持たないかぎり、現在まで残ることができなかったという側面である。

第二に、史料とは歴史を語るうえで、過去の何らかの事柄を私たちに伝える「記録（ドキュマン）」としての内容を持っている。例えば、私たちは何世紀も前に書き記された文書を読み込むことによって、当時の危機的な政治の状況がわかったり、あるいは経済的混乱も判断できる。つまり、史料には記号として意味を備えているという側面もあるだろう。

このように、史料とは、歴史的残存に耐えうる物理的な側面と、何かを意味する内容の側面を同時に持つものといえる。

こうしてみると、一般に歴史を記述するということは、ある何らかの「モニュマン」を「ドキュマン」として解釈する試みであるといえる。歴史家たちは、ある歴史的「記念碑」を史料として利用して、そこからできるだけ多くの「記録」を読み取ろうとし、たえずその意味を探るために「記録」を解釈する。だが、フーコーが試みる歴史記述の方向は、これとはまったく逆の道を歩むものであるという。彼は発想を逆転させ、何かを記録しようとした「ドキュマン」が、なぜある特定の時代に「モニュマン」として現実に生み落とされたのか、という歴史を記述しようとする。「ドキュマン」への傾きは史料の無限なる解釈へと進むが、「モニュマン」への傾斜は実在する史料が必ず有限であるという認識を促す。このようにフーコーの関心は、史料の内側を読み取るというよりも、史料が現に存在しているという事実を外側から理由づける試みであり、それゆえ、そこで問題とされるのは、実際に何らかの事柄について、どこかに何かを書きつけた諸記号の産出の行為なのである。

モニュマンと言語の存在

実を言えば、この歴史記述の発想には、前著『言葉と物』において論証された、「人間」と「言語の存在」に関する考察が影を落としている。フーコーによれば、十九世紀的な近代の人間主義的エピステーメーの崩壊を予感させる兆候は、言語の存在が私たちの上に重くせり出してきたことから読み取れた。能動的に語り、意味を解釈し、世界のなかに実存できた近代の人間なるものは、言語の存在があらわになるにつれて、もはや引き下がるほかはない。こうした人間と言語の存在の本質的な両立不可能性は、歴史記述の分野にも反映されるべきものではなかろうか。フーコーが述べる「言語の存在」とは、「言語のシンボル体系がある」、あるいは単に「言語の運用法則がある」ということではない。諸記号によって記されたモニュマンは、現に物理的な形で私たちの目の前に実在しているのであり、人間から離れて自立的な存在領域を形成している。歴史記述の試みにおいて、人間による解釈を必要とするドキュマンの時代は終ろうとしているのではないか。

フーコーは『知の考古学』において、この「言語の存在」を「諸記号の実在」という表現に改めているが、モニュマンに関する議論で見たように、言語、あるいは諸記号が歴史的に存在するためには、物質的な「支持体」が必要とされる。もちろん、諸記号が産出される場面には、何かを口に出して言う行為も含まれるだろうが、考古学は歴史を対象とする以上、時代を超えて保存されるような諸記号の実在でなければならない（さしあたって、磁気テープ等に記録された音声言語は除く）。十九世紀的なエピステーメーにおいては、人間の居場所があったゆえに、言語自身が持つ存在について忘却がなされていたが、今やその関係は反転した。人間が能動的に言語の意味を解釈するのではなく、言語の存在のほうが私たちに何かを問いかけてくるのである。このように考古学は、モニュマンとして「言語が存在している」という素朴な驚きから出発して、そうした歴史的痕跡を実際に産出した行為の一瞬を見定めようとする試みなのである。

言説的実践と出来事

もっともフーコーは、モニュマンが生み出された瞬間を、個人個人による個別的な「行為」のレベルから考察するのではない。彼は、諸々の個別的行為がひとまとまりとなった、「実践」というレベルからモニュマンの存在理由を検証する。言い換えるならば、フーコーは、諸記号産出の個別的な行為（定式化）を社会的・集合的な視点から取り上げ、モニュマンが生み出された理由を単に特定の個人の発意や行動には還元しない。

実践について考察する場合には、ある個人の意識や能力を問題とするのではなく、複数の人々によってなされた諸々の行為の間に共通する特質を検証しようとする方針が取られるだろう。書き記す行為の集まりにも、何らかの「規則性」が確認されるはずであり、規則性が確証されたならば、それらの行為を背後から拘束していた「規則」が存在していたはずである。このように考えるならば、モニュマンとは個々人が知らずと従属していた統御規則に従って産出された歴史的残存物なのであり、そこには諸々の書き記す行為の規則性が刻み込まれている。こうした個別的な書き記す行為が統御規則によってまとめ上げられた水準を、暫定的ながら「言説的実践」と呼んでおこう。

そしてまた、言説的実践が、実際に物理的な支えを持った諸記号を歴史上の痕跡（モニュマン）として生み落とす行為のまとまりであるとするならば、それは何かをどこかに書きつけた瞬間という意味での「出来事」の集まりであるともいえる。言説的実践とは、一方では諸記号の実在を生んだ規則的な行為の集合であり、他方では諸々の審級に振り分けることができる出来事の群れでもあるような、モニュマンの存在を理由づける一つの視点なのである。

とはいえ、モニュマンを諸々の書き記す行為の規則性から検証するといっても、それを具体的に取り出せるような手続きと分析軸が必要となるだろう。フーコーは、モニュマンに、どのような基準をもって諸記号産出の実践相を復元するのだろうか。

連続性と四つの論点

第一に、予備的な注意として、連続性の観念に警戒する必要がある。連続性の観念は、歴史を記述する者をドキュマンの傾斜へと押し戻してしまう。なぜなら、この観念は、史料のなかに強引なまでの連鎖・連続関係を要求し、それにふさわしいような「解釈」を生んでしまうからである。なるほど、私たちは歴史を考える際、何年何月の何時何分というように、いわゆるカレンダー・タイム（時計時間）を思い浮かべる習慣となっている。この時間感覚は、遠い過去の歴史的大事件から人生の記憶や思い出にいたるまで、出来事を一列に整理立て、歴史が包括的にすべてを飲み込んでいる連続体であるかのように思わせる。しかし、こうした連続性が確保されるのは、近代的主体＝人間が一律の時間軸を歴史に持ち込んで、出来事の因果関係を解釈しているからにほかならない。連続史観と近代の同一的な主体による能動的な解釈は、同時に生まれた双子のようなものであり、一つの思考の裏表なのである。とするならば、言語の存在の優位が明らかになりつつある今、あえて連続性の観念へと身を寄せる必要はないだろう。そこで、フーコーは、伝統、影響、発展、進化、起源という諸観念や、歴史を通じて普遍的であると信じられている科学や文学というジャンル、あるいは書物や著作という単位等、連続性を導く観念をモニュマンにあてがうことを白紙に戻す。

そして第二に、今度は積極的にモニュマンから諸記号産出の実践相を復元する基準として、フーコーは次のような四つの論点を提示する。まず一つ目として、モニュマンとして存在している何らかの諸記号は、いったい何をどのように対象としているのか、という論点がある。例えば、『狂気の歴史』においては、狂気へと形成されてゆく多くの対象が確認された。二つ目として、実在する諸記号は、どのような位置から書き記されたのか、という論点もある。この点では『臨床医学の誕生』において検証されたように、近代の臨床医学の道を開いた、新たなる可視性と医師の社会的位置が問題となった。そして次に、実在する諸記号は、他の諸記号とのいかなる関係性の下で、ある概念を生んでいるのか、という論点もある。例えば、『言葉と物』では、近代の人間概念に関して膨大な諸記号の総体を横断してその点が考察された。最後に、すでに存在している諸記号は、どのような社会的空間のなかで選別・選択され、使用することができるのか、という論点も取り上げられなければなるまい。この点は、のちのフーコーの著作が「戦略」という言葉によって解き明かす問題である。

いずれにせよ、このような論点は、すでに存在している諸記号に関して、それらを実践レベルにおいて評定する試みであり、モニュマン越しに特定の主体や人物を想定することはない。つまり、対象やそれを書き記す位置といえども、それはつねに言説的実践の空間にとどまっており、モニュマンの存在を個人の知覚や認識、理念、あるいは投企、意見、発意や能力というレベルから検討するものではない。

言表（エノンセ）

議論をまだ失速させるべきではない。モニュマンを言説的実践レベルにおいて分析する着眼点を設定したとしても、その産出の規則性をどのように復元するのであろうか。言説的実践とは、諸々の書く行為の規則性の検証から、その背後の統御規則を確証することによって見えてくる水準ではなかったのか。そこで登場するのが、「言表（エノンセ）」という概念である。フーコーによれば、エノンセとは、「諸記号が独自に持っている実在に関する機能」であるという。注意しなければならないが、エノンセは「機能」なのであるから、視覚的に与えられるものではない。それは「働き」であって、何らかの単位ではない。あらためて確認しておくが、フーコーの関心は人には諸記号を生み出す能力が備わっているということではなく、すでに生み落とされている諸記号の存在理由を実践レベルで問うことにある。それゆえ、諸記号の単位を視覚的に画定するよりも、諸記号の存在の事実を理由づけるための観点が必要とされている。そこで用いられるのが、エノンセという、すでに存在している諸記号がさまざまな「様相」を身にまとうことができる「機能」なのである。

なるほど、諸記号のあり方は変幻自在である。例えば、紙の上に書かれた「私は学生です」という諸記号の連なりは、「文」という様相としてもとらえられるし、「命題」としても考えることができる。また、その諸記号列は、「私」、「は」、というさらに細かく分断された様相も実現できるであろう。このように、同一の諸記号列の上にさまざまな様相を確認できたのは、私たちがそれらの諸記号列を何らかの参照軸に対するあり方として関係づけたからこそ、しかじかの様相が認識できたのである。裏返して言うなら、私たちが暗黙のうちに「文の構成規則」、「命題の条件」、「単語の分節規則」といった参照軸に従っていたゆえに、先ほどの諸記号列はそれらに対するあり方を引き受け、それぞれの様相を実現していたわけである。もちろん、視覚上の問題からいえば、「私は学生です」という諸記号列を支えている物質としてのインクや鉛筆の鉛は、支持体として同一不変である。しかし、それが身にまとった様相は、条件に従って姿を変えることができる。言い換えるならば、エノンセ自体は機能であるので目には見えないが、エノンセは様相という形で諸記号上に結果を示す。フーコーは、諸記号のこうした様相実現機能をエノンセと呼ぶ。

様相とは、何かに対するあり方なのであり、必ず参照軸を持っている。また、それとは反対に、何らかの参照軸によって、存在する諸記号を見るならば、やはり何らかの様相がそこに実現されるだろう。エノンセという機能は、このような参照軸があってはじめて、行使＝発現されるものなのである。

四つの参照軸と言説編制体　フーコーは、存在する諸記号が独自に持っているこの機能を利用して、あたかも函数の演算をするかのようにモニュマンを四つの参照軸に対するあり方へと変換させる。これらの四つの参照軸は、前に見たように、モニュマンを言説的実践レベルでとらえようとする四つの論点に対応し、諸記号をモニュマンとして生み出す諸々の行為の規則性を明らかにしてくれるものであろう。

まず、「照合座標」。これは、何らかの事柄をどのような領域において対象として扱うことができたのか、という観点から諸記号産出の可能性の場を差異化・類別し、そこに見られる規則性への検証を導く。二つ目として、「主体の位置」。この参照軸は、すでに存在する諸記号において、何かについて書き記すことができた位置とはどのような性質を持つものだったのか、という側面を測定する。そこではあくまでも主体の「位置」が問題とされ、匿名の誰もが入りうる中性的な位置が評定されるのであるが、やはり、そこにも何らかの規則性が確認できることだろう。次に、「共在」。これは、他に存在している諸記号との関係をつねに考慮するために必要とされる参照軸であり、諸記号の間にある共存の規則性を確認させてくれるだろう。最後に、「物質性」。この観点は存在する諸記号が物質的な側面を持つものであり、例えば、機密文書や医学カルテのように、社会的な制度や取り決めのなかで諸記号が使用できたりできなかったりする制限上の規則性を明らかにする。

モニュマンとして存在する諸記号は、こうした四つの参照軸と対応づけられることによって、おのおの観点から見た「在り方」を身にまとい、その存在様態の特殊性を分析者に教えてくれる。つまり、こうして実現された様相どうしの間に、ある規則性が確認されたならば、その背後にはそれらの諸記号を産出・分配した際の統御規則があったということになるだろう。そして、フーコー自身が認めるように、存在する諸記号をこうした参照軸へと対応づける操作は、モニュマンを文や命題といった単位へと統一化してゆく構築の原理ではなくて、果てることなく規則性を増殖させる分散の原理である。分析の方向は逆転しているのであって、構築の原理があらかじめ選択された規則をモニュマンにあてがうことによって、何らかの単位を画定してゆくのに対して、分散の原理はモニュマンの背後にある統御規則を抽出することを目的とする。いうなれば、言説的実践の分析を進めるうえで、モニュマンに規則性を見定めれば見定めるほど、それを背後から規定し条件づけていた規則のほうも姿を見せ続け、やがて諸記号産出の統御規則は束となることだろう。「言説編制体」とは、この統御規則側の束であり、ある時代の、ある領域に関する諸記号の産出を背後から条件づける編制規則の集まりである。

言説（ディスクール）　こうした作業をくぐり抜けてみると、現に存在している諸記号のまとまりには、いくつかの存在様態上の独自性が確認できる。例えば、『狂気の歴史』で扱った史料においては、諸々の対象に関する規則性がきわめて入り組んでおり、一方、『臨床医学の誕生』では、主体に関する位置が重要であった。『言葉と物』で検討した史料では、人間諸科学における膨大な諸記号の蓄積の間で結ばれる共在の形態がつねに問題となった。このように、ある領域で繰り広げられた言説的実践には、それぞれの特色が見定められるのであり、フーコーはそうした存在様態上の特殊性を持つ諸記号のまとまりを「言説（ディスクール）」と呼ぶ。言説とは、ある何らかの統御規則の編制体に従って産出されたゆえに、特定のあり方をもって実在している諸記号（言表）の集合といえる。例えば、彼が「精神病理学的言説」や「人間科学的言説」というときには、そこに見られる諸記号の存在特性上の峻別を問題としているのである。

もっともフーコーは、『狂気の歴史』における「経験」や「構造」、『臨床医学の誕生』の「まなざし」、『言葉と物』の「エピステーメー」といったあいまいな用語が、読者の混乱を招いた点については反省する。これらの言葉は、あたかも特定の主体や一時代の文化に関する硬直したイメージを連想させる。しかし、『知の考古学』におけるフーコーの理論的・方法論的吟味は、一つの結論を導いた。「考古学」とは、有限に存在しているモニュマンのみにかかわる作業であり、その有限性を言説的実践という観点から理由づける試みである。その外部、つまり非言説的実践との関係は、あらためて戦略という視点で七〇年代のフーコーが展開するであろう。

アルシーヴ・実定性・知

さて、これまで見てきた言説的実践の視点は、フーコー自身の歴史記述をも取り込んでいる。書き、語る行為に参加する者は、やはり当の時代の諸記号産出システムに支配されているはずである。フーコーは、ある時代の言説的実践全般を統御する規則総体を「アルシーヴ」と呼ぶ。書いている本人にとっては気づくよしもないが、アルシーヴはつねに人々の書き、語る行為を制御し、ある時代の、ある社会における諸記号の生産を決定づけている。考古学は、こうした観点から歴史のなかで自らを相対化する。他の時代においては別の歴史記述の可能性が開けているのであり、それゆえに考古学は絶対的な普遍性や客観性を主張することはない。おのおのの時代、おのおのの領域には、それぞれ「実定性」と呼ばれる「確からしさ」があるのであり、物事の真偽や現実性を決定づけている。この実定性が知の配置を条件づけ、そして許容しているのであり、さらにはそうした配置を通して諸々の記号産出も現実に行われているわけだ。

今や、フーコーが述べる「知の考古学」という語義がおぼろげながら理解できる。すでに気づかれた読者もいると思うが、知の考古学とは、次のような内容を持つ。まず、フーコーの考古学は歴史資料を個人の意識や文体・表現を超えた言説的実践レベルから分析し、ある対象が現われるための、それを書きつける位置の、あるいは何かの事柄を明確にする概念の取扱いについての、そして社会的制限についての、言説的実践に関する諸々の配置を確認することに専念する。この配置こそがフーコーにとっての知なのであり、知の考古学はこうした言説的実践の配置とその変遷＝変形を記述するアルシーヴの学なのである。

『知の考古学』の難解さと円環

いずれにせよ『知の考古学』は難解な書物であるが、その難しさには特殊な事情がひそんでいる。この著作は、歴史記述の形式化を標榜《ひょうぼう》しつつも、その存立基盤を著者自らが力説することを禁じられた書物である。まず第一に、なぜ言語の存在があらわになっているのか、という理由は、『言葉と物』で検討されていたとはいえ、そのそもそもの成立過程は歴史の側に任されている。「考古学者」は、モニュマンが存在しているという、そうした現在の歴史感覚にひたすら身を託すしかない。第二に、考古学は存在している諸記号の間に規則性を検証しようとする試みであるのだから、考古学の記述者はいつ果てることのない作業に巻き込まれることを意味する。規則性の確認とは、尽きることなき増殖の道を進むからである。いわば、歴史を記述する者は、あたかも受動的に一種の「機械仕掛け」に身を委《ゆだ》ねるかのような姿勢が要求される。そしてまた、そうした記述は、つねに未完成で、記述者にとっても読者にとっても暫定的で居心地の悪い状態でしかない。だが、そこに近代的＝同一的な主体の手から徐々に遠ざかり、拡散してゆく新たな歴史記述の姿がある。

考古学的記述の道行きは「円環」を描く。現に存在している諸記号から出発して、諸々の規則性が浮き彫りになって増殖するのを検証し、そしてその背後に統御規則を確認することで、ふたたび諸記号の存在を理由づける。考古学は、この「円環」を閉じることによって、その記述の可能性自体が開かれる。『知の考古学』を理解しようとする読者もまた、この円環に同化する必要があり、それは読者自身が新たなるエピステーメーの到来に備える演習なのではなかろうか。

第二章　中期の思想（一九七〇年代）――権力的実践の系譜学

一　権力と装置

非言説的実践の領域へ

あるインタビューで述べているように、フーコーは一つの言説を考える際、その内的な分析のみにとどまるべきか、あるいはそれを成立させた外的な要因をも考慮に入れるべきか、一時期まで揺れ動いていたらしい。この点から見れば『言葉と物』は特に言説的実践の領域のみを問題とし、『狂気の歴史』と『臨床医学の誕生』は政治・経済等の外的な社会要因を加味する内容だった。それゆえ、方法論上、当初切り取られた「人間諸科学」、「精神医学」、「臨床医学」という言説領域は、内に縮小したり外へ拡大したりしたわけである。

しかしながら、前の章で見たように、『知の考古学』は私たちに一定の指標を与えてくれた。そこで保持されるべき切り口とは、「実践」である（もっとも、この「実践」という言葉は『知の考古学』以前の彼の著書にも見つけることができる。しかし、その視点が明確に理論化されたのは『知の考古学』が初めてであろう）。この視点は人々の意識を介することなく、ある行為の規則性を問題としていた。そこで、『知の考古学』は、言説的な「実践」に分析の軸を固定していたわけである。では、それ以外の非言説的実践をどのように考え、いかに当の言説的実践と関係づけるべきか。フーコーの実践に関する理論的進展を見てみよう。

非言説的実践と権力

そもそも「非言説的実践」という言葉によって、私たちはどのような実践を思い浮かべたらよいのであろうか。簡単に言って、言説的実践が「書く」（場合によっては「語る」）ための統御規則の水準であるとするならば、それ以外の実践が非言説的実践ということになる。だが、それではあまりに漠然としたイメージにとどまっており、私たちはそこにどのような行為の規則性を想定できるというのか。

実はフーコーには、すでに新たなる思想上の関心が芽生えていた。そして、その見通しがあったからこそ、『知の考古学』の用語法には広がりもある。彼によれば、二十世紀が検討しなければならない緊急の思想的課題があるという。十九世紀における最大の政治哲学的関心は、貧困とその悲惨さをめぐる富の問題化であった。では、二十世紀最大の問題とは何か。彼はファシズムやスターリニズムと呼ばれる「権力の過剰」、あるいは「権力の病い」という状況に目を向ける。そこで、かつてフーコーが「非言説的」と総称してきた諸々の実践は、もはや経済的、政治的といった既成の学問領域が措定してきた分析基準にとどまるわけにはいかない。今や、問題は非言説的実践一般ではなく、なかでも権力的実践を分析しうる詳細な視点の確保となる。では、彼の中心問題となった権力的実践とは、いかなる特色を持つものなのか。

行為のプログラミング

ナチスの大会（フランクフルト）

二十世紀においてファシズムやスターリニズムがその極端な姿を示したように、権力的状況は一つの特徴をあらわにする。その特徴とは、社会において人々が他者の行為に働きかける独特の「技術形態」の活用である。他者の「立居振舞い」を誘い込み、服従させる技術、つまりは社会的な統治・支配のプログラミングが必ずそこには存在している。フーコーが非言説的実践の内容を絞り込み、まず分析照準を合わせるのは、この他者の行為を統率する独特の技術形態である。人々の個別的行為は、そのプログラミングに沿って統御されてはじめて、権力的状況を特徴づけるこり固まった実践となる。この個々人の間を特定の関係性へと調整するプログラミング、あるいは種別的な実践の型を体制づける技術形態こそが、権力的状況の根本問題といえる。言説的実践の考察と同様に、権力的実践の分析も、必ず具体的な資料＝素材に基づいた「規則性」

の検証手順を踏むことになるだろう（もっとも、その材料＝素材は、建築物の設計等々、大変広範なものとなろう）。のちに触れることになるが、二十世紀があいついで体験した権力の過剰には、行為のプログラミング＝実践の体制の極度に凝縮された具体例が確認される。フーコーは直接的にファシズムやスターリニズムのみを題材とした書物を執筆したわけではないが、彼の『監視と処罰』や『知への意志』に見られる権力的技術形態の分析は、人々が「権力の病い」と呼ぶ強制収容所の存在や警察国家的なメカニズム、あるいは人種差別政策等々を根本的に解き明かすものとなるだろう。

権力と自明性

私たちは二十世紀を直撃した権力の病いに対して、正常ではない＝異常な社会の姿を見る。なるほど、それは非日常的で特殊な状況であることには変わりないが、しかしフーコーによれば、まさに権力の病いとは日常的な権力の過剰なのだという。というのも、あとで見るように、ファシズムやスターリニズムにおいて応用された「統治術」は、近代から現在の私たちまでが、今なお温存させている技術形態の延長線上にあるといえる。権力の病いとは、私たちの日常生活が極度に凝縮されているという意味において現在の私たちの問題であり、権力の過剰ゆえに必ず日常のいたるところにも権力がある。だが、そうだとすれば、なぜそれほどまでに権力の技術形態は生き長らえているのだろうか。

そこで問題となるのが「自明性」の効力＝効果である。なかでも特に「真理」が自明性の最たるものであろう。いわば、権力は自らを維持するために、その支配と統治の技術形態を自明性のベールで覆う。人々が何の疑問もなく、当然の、否そのような意識すら持たないままに行う現在の考えや振舞いこそが問題なのである。事実、ある一つの社会体には、そのような自明性を支え、そのよりどころと保証をたえず分泌する仕掛けが備わっている。なぜ私たちは精神病理学や医学、心理学、法学、犯罪学等々の言説に価値を置き、その真理を受け入れてしまうのか。人々は知らずとその価値を認め、真理を甘受し、日々行動している。そして、そうした行動もまた真理をはらみ、それを評定する学問・科学の価値を強化し、新たに裏づけることにもなろう。こうした観点に立つならば、権力の統治術は諸科学による自明性としての真理を要請し、それによって人々の行為の円滑な支配を実現していることになる。このように、まさに権力と真理は不可分の関係にあるのではないだろうか。フーコー自身も述べるように、彼にとっての政治とは、こうした真理をめぐる管理と奪回のゲーム＝勝負なのである。

権力と知

この章の初めに戻ろう。非言説的実践（権力的実践）と言説的実践の関係はどのように連結されるのか。すでに理解されるように、権力的実践を体制づける統治術には、自明性としての真理の効力が必要となる。とするならば、それを明確に定着化する言説的実践がそこでは重要な役割を占めることになるだろう。いうまでもなく、そのような真理を生み出し、確定する役割を担うのが、前章で見た知の配置である。言い換えるなら、知とは、そこに染み込んでいる権力の戦略的合理性と深く連動するものであり、その結果、ある領域の知は特定の配置を持つことになる。

「私の印象では、権力の知への不断の連接、知の権力への不断の連接が存在するのであり（中略）、権力を行使することは、知の対象を創造し、これを浮き上がらせ、情報を集積し、これを利用する、といわねばならないのです。（中略）権力の行使は際限なく知を作り出し、逆に知は権力の効果をひき起こします」（伊東晃訳「権力の戯れ――監獄について」、『エピステーメー』一九七七年十二月号、朝日出版社）

このように、知（の配置にかかわる言説的実践）と権力的実践（他者の行為を統御する非言説的実践）は互いに自律的領域を保ちながらも、相互に自らのあり方を規定し合って存立している。

自明性の根幹

ところで、そもそもなぜ権力の問題を実践レベルにおいて、つまりは人間の意識を超えた非主観的＝匿名レベルにおいてとらえなければならないのか。この章の冒頭以来、私たちはこの点を言説的なものと非言説的なものという対立をもとに、当然のこととして議論してきた。だが、この論点には、見逃すことのできぬフーコーの政治哲学的な問いかけが含まれているのである。

二十世紀に生じたファシズムやスターリニズムは、暴力的で凶暴な性質をむき出しにして人々を恐怖に陥れてきた。それゆえに数多くの思想家たちが「権力」を告発し、危惧《きぐ》し、それに対抗しようと思案してきた。しかしながら、フーコーによれば、権力の病い＝過剰を「同一的主体」に基づくヒューマニズムによって告発することこそ、西欧近代が発展・改良させてきた権力の技術＝統治術にはまり込むことであるという。それはどういうことだろうか。

権力と真理の関係について思い起こしておこう。私たちがもっとも根本的にその自明性を解体しえないでいるものについて思いをめぐらせてみる必要がある。のちに詳しく見ることになるが、実を言うなら近代的＝同一的主体こそが自明性の根幹なのである。権力は知らない間に私たちに「しかじかの者であれ」と強いる。実際、私たちは、与えられているものであるかもしれぬ主体の自明性に、具体的で辛辣《しんらつ》な批判の矢を向けてこなかったのではないだろうか。権力関係において、この疑われることなき自明なる主体の真理が演じる役割とは、身体を介して人々を個人化＝個別化し、規格化された形で自己同一性を人々に植えつけ、そしてその戦略的合理性にふさわしいように自己管理させるという、まさに社会的な統治術の基本をなすものなのである。権力は同一的主体を産出することによって、自らの触手に社会の構成員たちをつなぎとめている。

したがって、同一的主体とは権力関係の説明の出発点ではなく、その成り立ちを批判的に解明されるべきものとなる。フーコーの権力論の試みは、何かを「構成する主体」ではなく、ある戦略的意図＝目標の下で合理的に「構成された主体」に対する解体作業となるだろう。彼が案出すべき権力観は、社会契約論的、市民社会論的、あるいは法的個人を基本単位とする伝統的権力論を批判的に乗り越えるものでなければなるまい。既成の価値観や真理をもって権力を告発することは、現下の権力的状況をさらに強化しかねない。私たちは権力を非主観的な実践相としてとらえ、その明確な技術形態と戦略的合理性に批判の照準を合わせなければならない。

装置とは何か

そこで措定されるのが「装置（ディスポジティフ）」という観点である。それは言説的実践と非言説的実践が、それらを取り巻く社会的な体制によってともに調整づけられ、ある統治・支配上の一つの目標＝意図に向かって合理的に戦略立てられている「仕掛け」を意味する。裏返して言えば、権力はこの装置を通して人々の個別的行為を統御し、規則性を確保し、その実践を体制づける技術形態を貫徹させる。

この観点の導入は、知（言説的空間）と権力（非言説的空間）の相互嵌入《かんにゅう》を戦略的体制の場のなかで関係づけ、その連関やずれ、調整等々を問うことを可能とする。それゆえ装置は、分析の初めからはなはだ不均質で多様な要素（建築物の設計、社会的習慣、制度や法規、行政的措置や道徳的命題等々）を対象とすることとなるが、とはいえ、権力と知の連携を解明しようとするフーコーにとって、精緻に分析されるべきものは装置なのである。そして、その戦略的合理性の探究への傾斜が強まるとともに、かつての「言説的か非言説的か」という一般的な基準は、その独自性を保ちながらも装置の内に溶解されることになる。のちに詳しく見ることになるが、そこでフーコーが注目した装置が、「監獄」や「性現象（セクシュアリテ）」であった。

系譜学

そしてまた、打ち壊さなければならないのは、数々の自明性を持つ歴史上の「観念」である。自明性は現在の私たちの思考と行動を統率する。前に触れたように、自明性は知の配置を基盤として確保されるが、まさにそれらは「当然のなりゆき」とされ、正統なる「起源」を持つものとして歴史的に現われる。あるいは真理にいたっては、歴史なるものを想定しながらも当の歴史を超越した存在として、逆説的に確保されている。自明性が歴史の重みや超越を武器にして、現在の私たちに服従を強いてくるなら、それに対抗する現在からの歴史こそが有効な批判の手段となろう。毒は毒をもって制しなければなるまい。そのとき毒も解毒の薬として役立つ。

そこで「現在の歴史」は、自明性の果てしなくとらえようもない起源や超越をおごそかに祭り上げるのではなく、自明なものの偶発的で特異な「由来＝出所」を、この今現在から出発してたどる。つまり、それがさほど歴史的必然性を持たずに生起した一瞬を、あらゆる資料＝材料を駆使して明確に「出来事化」する。同時に、その生起に関する歴史的分析は、ある権力の意図的＝戦略的な意志の「現われ＝出現」を解読することでもあるのだから、「出来事」という言葉にも支配や統治、抵抗や摩擦《まさつ》といった響きが加わることになろう。このような歴史的解毒の試みこそが「系譜学（ジェネアロジー）」の視点である。

したがって、考古学が言説的実践全般を歴史的に考察するのに対し、系譜学はある特定の権力装置にねらいを定め、その歴史性を記述する。つまり、装置のなかに言説的実践（知、あるいは真理）が含まれているのであるから、考古学は系譜学に内包されることになる。もはや系譜学とは、言説的／非言説的という一般的基準を考察するものではない。系譜学的試みは、その両者を連結する権力の戦略的意図＝目標や、それに文字通り力を貸す自明性（真理）の働きを歴史的に批判・解体することをもくろむ。系譜学は、ある明確な「標的」と「展望」を持つことを恐れないだろう。系譜学の標的とは、ある権力の戦略によって合理的に仕立て上げられた現在の私たちの姿なのであり、その「従順なる臣民」としての自己同一的な主体を解体する展望に立つものとなる。それらは近代的な同一的主体を拡散させる試みであることに変わりないが、今や系譜学の優位によって考古学は記述者の明確な展望の下で活用されることになろう。

三つの歴史感覚

以上のような系譜学を遂行するためには、次に述べるような三つの歴史感覚が必要となろう。

一、必然を標榜する連続性ではなく、出来事をその闖入《ちんにゅう》の鋭さにおいてとらえようとする。つまり、私たちが「自明なもの」、「歴史を持たないもの」としている事柄について、それが自明性を持たぬが、しかし「意図的＝戦略的なもの」として現われる一瞬を由来や出現として問いただす。

二、歴史に対する遠近感覚を逆転させる。この歴史感覚は必然的で貴い起源をおごそかに論証したりしない。はるかなる起源を祭り上げることこそ自明性の宣揚にほかならず、ひいてはその歴史超越的性格を招き入れる。それに対して系譜学は、歴史を語るうえで「現在性」に優位を置く。問い立てる現在こそ出発点であり、そのたえまない非連続があるゆえに歴史が書ける。そこでは、もっとも身近で歴史など持たぬと思われているものに関心を向ける歴史感覚が要請される。

三、客観性や公平さを標榜せず、歴史をある一つの展望から眺めることを恐れない。歴史とは、ある自明性を私たちに強いる好戦的な性格を持つものであるかぎり、新たに歴史を記述することと＝非連続を持ち込むことは、反抗的態度を示すことにほかならない。それゆえ、もとより系譜学には、ある明確な攻撃目標とそのための策略が含まれる。私たちを麻痺《まひ》させている自明性という毒を解毒することこそ必要とされることなのであり、歴史がフィクションであることを恐れない。

さて、これまでの議論を概括《がいかつ》するなら、フーコーの権力観は次のようになるだろう。

権力とは何か

一、権力（プーヴォワール）とは、ある主体によって所有されたり、奪い取られたりするようなものではない。つまり、その分析は、なにがしかの独裁者や権力者を基準にしてとらえるべきものではない。それは無数の点から出発して、不均等かつ可動的な「力のゲーム」として分析されるべきものである。

二、権力とは、単に禁止や懲罰《ちょうばつ》という一方的な「抑圧の構図」に尽きるものではない。そして、それは経済プロセスや認識に関する諸関連に外部から加えられるものではなく、つねに内在して機能する。それゆえ、一つの知の配置を考える際にも、権力の戦略的意図＝目標を考慮しなければならない。

三、権力は上から下へと及ぼされるものではない。つまり、「支配する者」と「支配される者」という二項対立的図式をまず措定してはならない。権力とは、それぞれの特徴を持つ、局所的で特定的な技術形態から出発して分析されるべきものである。その局所的で特定的な権力関係が統合された結果、支配と服従に統括される権力的状況、すなわち私たちを取り巻く現在性が生じている。

四、権力は意図的であるとともに非主観的である。つまり、つねに権力は、ある意図＝目標とそれを合理的に達成するためにプログラミングされた戦略をもって行使される。そこで、装置という観点が必要とされたわけである。

五、権力にはつねに「抵抗」が伴う。権力関係には必然的結果は存在せず、たえず複数の内在的な抵抗点からくつがえされる可能性をはらむ。権力は単に人々を陥れる罠《わな》といった性質に尽きるものではない。権力とは、今後どうなるのかわからぬゲーム＝勝負として考えられるべきものである。それは権力が行使される際に、それぞれに内包される逆転の可能性によって解読されるべき複数の関係を持ち、ゆえに系譜学のフィクションとしての効力も成立しえる。

社会関係の解読

とりわけ、ここで私たちが確認しておくべきことは、権力とはあくまでも物理的実体に及ぼされるような「力」ではないということである。フーコーにとっての権力とは、さまざまな言説的／非言説的な実践によって織りなされる戦略的な規則の編制体であり、いうなればそれは、装置という観点を通じて社会関係を読み解く解読格子《ごうし》である。とはいえ、その半面で、このような読解格子は、人々の行為の連鎖をあたかも力の伝達過程のごとくとらえられる利点も持っている。しかも、それはこれまでの権力論では見すえられてはこなかった動的な視点を、まさに実践相において明らかにしてくれるものなのである。

フーコーの権力分析は、たとえそれが権力関係の結果的状況として現われるとしても、古典的な

『アルク』第70号（頭の中の危機特集。当初フーコー特集が予定されていたが、本人が個人特集を拒否したため変更された）

権力論のように主体の暴力に対する恐怖や権力（者）への同意から議論を始めたりはしない。権力関係を分析することは、それらの考察を排除するものではないにせよ、物理的な暴力や主体の感情、あるいはコミュニケーション上の伝達や同意を説明原理とするものではない。権力とは、あくまでも特定の規則性や合理性を持つ、戦略上のプログラミングから検証されるべきものであり、諸々の個別的行為が統御され、体制づけられている状況、つまりはそれらを背景＝条件の側から規定している数々の規則の束なのである。

知識人と権力

このような権力観や、それをひもとく系譜学にあって、現代の知識人の役割とはどのようなものだろうか。例えば、その役割とは、知と権力が密接に共犯する地点を見きわめ、ある価値と他の価値がぶつかり合う闘争＝抗争の場を見定めることであろう。そして、その仕事は自らがよって立つ真理に対して敏感でなければならず、既成の真理を挺子《てこ》とするフィクションを通して、新しい状況の可能性を開く「特定領域の知識人」たることであろう。この知識人は既成の真理を振りかざし、人々の先頭に立つ「普遍的知識人」とは違う。知識人の使命とは、ある特定の領域における自明性を打ち壊すハンマーと、その領域に新たなる礎《いしずえ》を刻み込むノミが収められた「道具箱」を人々に提供することである。いわば、それは「つねに人が見ていながらその実態において見えてはいないもの、あるいは見そこなっているものを、ちょっと視点をずらすことによってはっきりと見えるようにする作業」なのである。

フーコーはこの視点に立って、二つの具体的な権力装置とその技術形態を分析した。それが「監獄」と「性現象」である。もちろん、フーコーはこの社会的施設や諸々の事象を単純に廃止したり、解放したりすればことがすむと主張しているのではない。それを決めるのは知識人ではない。知識人が専心するべきことは、すでに社会において摩擦が生じている地点を見きわめ、その権力的技術形態を明らかにし、人々のために批判の武器をそろえてやることである。

二　『監視と処罰――監獄の誕生』（一九七五年）

監獄闘争

この著作は、ガリマール社の「歴史叢書」シリーズから刊行された。そこには、ある社会運動上の背景がある。それは、七〇年代初めに湧き起こった囚人たちの声であった。一九六八年の五月以来、フランスで巻き起こった政治闘争は、次第にその運動が拡大・激化するとともに多数の逮捕者や有罪判決者を生み、投獄される者も少なくなかった。そのような囚人のなかから現下の刑務所制度への批判声明がなされ、彼らはハンガーストライキに突入した。一般的に見て、人々の大半は生涯を通じて刑務所には縁はなく、監獄をめぐる囚人たちの運動は大変限られた局所的な闘争である。しかし、一見このマイナーな問題から発せられた囚人たちによる声明文が、それに耳を貸す必然性を持たないはずの多くの人々の関心を引きつけた。なぜ、縁もゆかりもない刑務所や囚人の問題に人々の注目が向けられるのか。この社会的反作用＝抵抗の生起をフーコーが見逃すはずはなかった。

フーコーはさっそく「刑務所情報集団（GIP）」の設立を呼びかけ、監獄の調査を始める。実際、フーコーがその調査集団の設立の挨拶《あいさつ》で語るように、「われわれは誰一人として刑務所に入らなくてもすむかどうか確信が持てない」ような権力的状況なのである。そこで、「投獄」という何の疑問も持たれぬままになされてきた振舞いを分解する理論的道具、それが『監視と処罰』となる。では、投獄の実践を可能としている仕掛けはどのようなものなのか。分析の照準は、その領域に固有な規則性、合理性、戦略等々を持つ、実践の体制＝権力装置である。投獄という実践を自明性とともに可能としている知と権力の連鎖《れんさ》を、特定領域の知識人たるフーコーは断ち切らなければならない。

監獄という自明の理

さて、投獄の実践を物質的な形象として体現し、投獄される者の受け皿となる監獄は、以下のような二つの「自明の理」によって存立するものではなかろうか。換言するなら、それらの理由を通して私たちは、監獄の社会的必要性を確認することができるはずである。

第一に、監獄は罪を犯した者から「自由」を剝奪《はくだつ》するという単純な形式にその基礎を置いている。社会において万人に等しく分配されているものとは「自由」であり、各人が「普遍的で恒常的な」感情によって求める「善」としての自由を剝奪することこそ、社会のきまり＝法を破った者に対する罰である。そこで法律違反者は、罪の程度に従って自由を剝奪されなければならない。すなわち、監獄とは、このような社会に対する道徳的な損害の返済のための隔離施設としてあるのではないか。そしてまた、刑罰の正確な数量化＝刑期の措定によって、産業社会全体に与えた損失を換算しえるようになり、それは同時に経済的返済の観念をも持つものとなろう。要約するなら、監獄は「道徳的で経済的な自明の理」に従って、その損失の返済＝罰を執行する機関として存立しているのではなかろうか。

第二に、監獄は法を順守せぬ者を社会に適応できる個人へと変容させる役割も持たねばなるまい。従順で邪悪さの取り除かれた個人こそ司法や社会にとって望まれるのであり、監獄はそのような「規格に合った個人」へと法律違反者を「更生」させる施設でなければならない。監獄とは、収容者の更生を即座に刑法上の制度的な骨組みとして備えた社会的施設としてある。そして当然のことながら、それは法律違反＝犯罪の減少に貢献する施設であることだろう。

一般に監獄とは、このような二重の基礎に基づく形象といえる。なるほど、これら二つの自明性は、監獄の司法的・社会的要請をよく表わしているように思われる。だが、フーコーによれば、必ずしも監獄とは、そのようにつじつまが合った法的・社会的施設ではないという。

自由剝奪と更生

まず、第一の自明の理に関して、監獄とは純然たる「自由の剝奪」を旨とする法的な機関と言いうるものだろうか。たしかに、監獄は閉鎖的空間として法律違反者の自由を刑期に従って剝奪する。しかし、ことはそれほど簡単ではない。十九世紀初頭の措置に現われたように、監獄の収容形態は刑期のみに還元されるものではない。つまり、それは単に「自由の剝奪」のために法律違反者を一定期間閉じ込める施設ではなく、刑事司法の言説において分類された罪の種類に対応して、明確に差異化された懲罰の空間を持つものなのである。そこでは、「法が科す刑罰には軽重があるので、軽い刑に処された者がいっそう重い刑に処せられた犯人と同一の場所に閉じ込められることは許しえない」のであり、拘禁《こうきん》の質が懲罰上問われなければならない。問題は単なる刑期としての「自由の剝奪」ではなく、多様な懲罰を罪に応じて確実に執行しえる技術である。しかも、この点がもっとも重要なのであるが、その実質的な懲罰を実施し、受刑者の生活態度を監視・評定するのは、実を言うと司法ではない。それを担うのは監獄自体なのである。このように監獄とは、社会の損失を自由の剝奪によって返済するためだけの施設ではない。

しかし、だからこそ監獄とは、二つ目の自明の理にかなっているものなのではなかろうか。懲罰を通じて法律違反者を「更生」させることこそ監獄の役目である。法律に違反する者を社会的に減少させることが監獄の主な役割ではないのか。ところが、監獄は司法や社会が望むようには機能していない。つまり、監獄は必ずしも犯罪の減少には貢献していないのである。もはや、二つ目の自明の理も崩れる。

監獄の存立理由

とするならば、監獄の存立理由を根本的に考え直してみる必要があるだろう。そして厳密に考えるならば、法律違反者がその罪を「自由の剝奪」によって償《つぐな》うことと、社会契約上の逸脱者を「更生」させることとは、もとより別次元の問題ではなかろうか。「法律に違反した事実」とそれを犯した「人物の性質」は、本来分けて考えられるべき問題である。そこで、どのようにその「ずれ」＝一貫性のなさが調整・統合されて監獄が社会的に存立しえているのか、という点を別の角度から見てみる必要がある。一般的に信じられている自明の理に依拠《いきょ》するのではなく、なぜ人々はその自明性を受け入れているのか、という「仕掛け」を解明すべきであろう。いったい、何が監獄を監獄たらしめているのか。

　まず、刑事司法は社会的に法律違反者を確定する役割＝権限を持ち、監獄へと「罪を償うべき人物」を送り込むことができる。そこで、刑事司法の言説的実践は、法的コードとの照合によって法律違反者を特定・分類し、社会に対する返済＝刑期を算出して「判決文」に定着化する。次に、監獄はその判決に沿って法律違反者を受け取り、一定期間、当の人物の自由を剝奪する。だが、もはや監獄側は収容者を単に「拘禁するべき者」としてはとらえていない。囚人とは「罪を犯す性質を持った人物」であり、「更生すべき者」である。監獄はこの認識に立って、投獄された者に矯正を施し、そこに必要となる規律と訓練（詳細な生活の時間割・点検等）の明確な技術を持つ。

非行性

　「法律違反者」と「邪悪な者」、監獄をめぐるこの二人の人物は一人にならねばなるまい。というのも、拘禁、非拘禁を問わず、何らかの法的な施設は必要とされようとも、社会道徳的な更生施設としての監獄は事実上失敗している。であるならば、本来監獄という非効率的な手段は見直されるべきであるが、監獄は現に存続しており、そこに収容される人々も尽きることがない。このような事態を調整し、統合するものは何か。そこで必要不可欠な観念となるのが「非行性」である。この観念は「司法」と「更生」の一貫性を確保して、同時に互いの役割をも正当化する。その仕掛けは次のようになるだろう。

　刑事司法の言説的実践は、この非行性という観念に基づいてさまざまな非行を特定し、分類する役目を引き受ける。しかも、司法は純粋に法の領域において非行性を見定めるだけではない。それは医学、精神医学、心理学、犯罪学等々の、他の言説的実践の知によって提供される真理を引き込んで判断する権限を持つ。一方、監獄も囚人が非行人であるがゆえに、彼らを更生させる役割を持ち、そして自らも言説的実践の場となって、たえず囚人を個別的に観察・記録し、臨床的な非行性に関する資料の蓄積と非行の諸科学に対する素材の提供を受け持つ。その非行性ゆえ、「囚人は永続的に見張られうる者でなければならず、かつまた、囚人に関して採取できるすべての評点は帳簿に記入されなければならない」のである。そしてまた、そのような非行人が存在するからこそ、司法も裁くべき人物＝投獄される者を十分に得ることもできるのである。

要約するならば、監獄とは、自らの存在理由を証明するために「非行性」という観念を分泌する権力装置なのだ。それゆえに法律違反者＝拘禁されるべき者は、特別な性質を持つ「非行人」へと格上げされ、非行に関する知が彼らを包囲する。

権力装置としての監獄

しかも、監獄は単に自らを存続させるためだけに非行人を産出するものではない。それは監獄という閉鎖的空間に限った問題というよりも、むしろその外部の社会が抱える問題が凝縮された場なのである。

非行性という観念にひとたびつなぎとめられた人物は、社会的に特別の環境に追いやられ、ふたたび監獄へと舞い戻ることが多い。彼らは不幸にも社会的な監視や警戒の対象＝客体とされる。フーコーによれば、それゆえ警察機構は「治安」という活躍の場を見い出すのであるが、いずれにせよ、前科のある者はふたたび監獄へ送り込まれる可能性がもっとも高い人物と見なされる。非行人とは「疑われるべき者」でもあることになる。いわば社会統治上、非行人は泳がされ、循環しているのであり、ことあれば治安維持の名の下で、社会への重要なる介入地点をなすだろう。このように、監獄の問題は社会統治の問題でもある。そこには、ある一貫した統治術が確認でき、非行人とは近代社会がその構成員を個別的に監視＝管理する技術が反映された姿であるという。フーコーは、その技術形態を「規律＝訓練型」権力技術と呼んだ。では、規律＝訓練型とはいかなる統治術なのか。それが凝縮された具体例として、「一望監視施設（パノプティコン）」を取り上げてみよう。

パノプティコン

パノプティコンは、十八世紀末にイギリスの功利主義者ベンサムによって考案された。この施設は監獄における監視＝管理のみならず、病院、学校、軍隊、工場等々に転用された統治術の典型であろう。フーコーはその技術形態を次のように要約する。

「その原理はよく知られる通りであって、周囲には円環状の建物、中心に塔を配して、塔には円周状にそれを取巻く建物の内側に面して大きい窓がいくつもつけられる（塔から内庭ごしに、周囲の建物のなかを監視するわけである）。周囲の建物は独房に区分けされ、その一つ一つが建物の奥行をそっくり占める。独房には窓が二つ、塔の窓に対応する位置に、内側へ向かって一つあり、外側に面するもう一つの窓から光が独房を貫くようにさしこむ。それゆえ、中央の塔のなかに監視人を一名配置して、各独房内には狂人なり病人なり受刑者なり労働者なり生徒なりを一人ずつ閉じ込めるだけで充分である。周囲の建物の独房内に捕えられている人間の小さい影が、はっきり光のなかに浮かびあがる姿を、逆光線の効果で塔から把握できるからである。独房の檻《おり》の数と同じだけ、小さい舞台があると言いうるわけで、そこではそれぞれの役者はただ一人であり、完全に個人化され、たえず可視的である。一望監視のこの仕掛けは、中断なく相手を見ることができ即座に判別しうる、そうした空間上の単位を計画配置している」（田村俶訳『監獄の誕生』新潮社、一部表記変更）

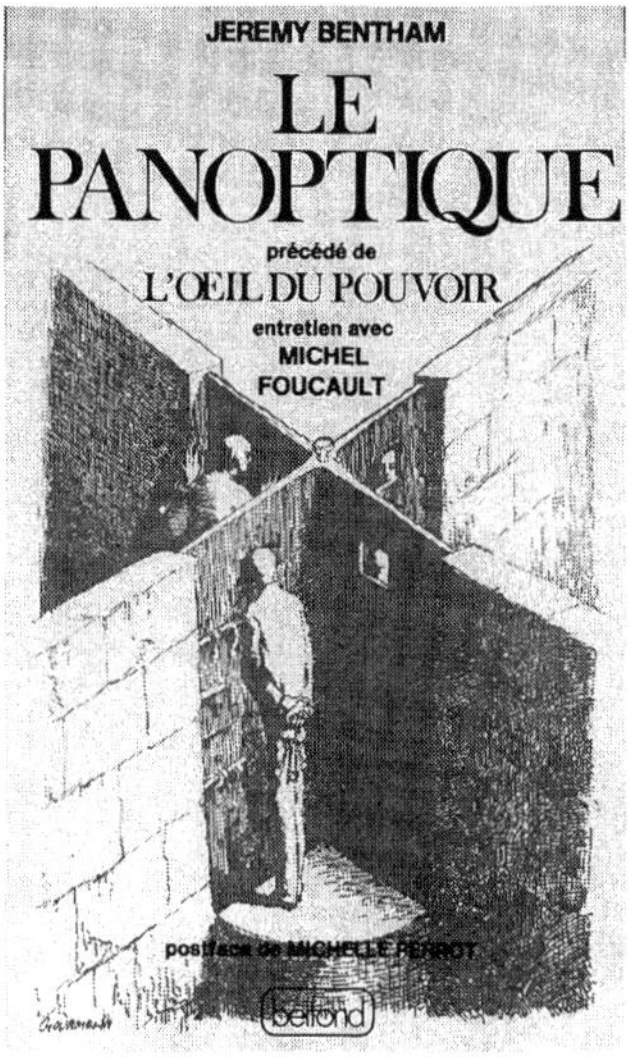

ベンサム『パノプティコン』の仏訳本（フーコーへのインタビュー「権力の眼」所収）

個別化と可視化

ここで、まず私たちが確認するべきことは、個人の「個別化」と「可視化」である。この一望監視施設においては、監視される者がそれぞれ個別に割り当てられた空間内に振り分けられる。彼らは他と隔離された位置関係であることを強いられ、互いにコミュニケーションを取ることを遮断《しゃだん》された者たち

中央の監視塔を前に独房で祈りを捧げる受刑者(N. Harou-Romain: Projet de pénitencier, 1840より)

である。つまり、監視の視線にさらされる者たちが「ある情報のための客体ではあっても、ある情報伝達を行う主体には決してなれない」ようにすることが、この監視技術の一つ目の原則である。その原則によって、「閉じ込められる者が受刑者であっても、陰謀や集団脱獄の企てや将来の新しい犯罪計画や相互の悪い感化などが生じる懸念がない。病者を閉じ込めても感染の心配はなく、狂人の場合でも相互に狂暴になる危険はないし、子供の閉じ込めであっても、他人の宿題などを引き写す不正行為も、騒ぎも、おしゃべりも、浪費も放心も起こらない。労働者の場合でも、殴《なぐ》り合いも、盗みも、共同謀議も、仕事の遅れや不完全な仕上がりや偶発事故を招く不注意も起こらない」のである。監視の場とは、このように「区分された個々人の集まり」であらねばならない。

そしてまた、それによって二つ目の一望監視施設の原則、つまり可視化も円滑に実現される。個別化されたそれぞれの人物は、確実かつ継続的に自分の身体を監視の視線にさらされる状況に置かれる。一望監視施設におけるこのような二つの原則が、監視される者の身体に、監視する視線をしっかりと送り届けるための工夫なのである。

さらに、ベンサムの一望監視施設の工夫はそれだけにとどまらない。その監視する視線を永続化し、自動化する仕掛けをも発明したのである。その仕掛けは、監視される者を徹底的に「見られる客体」へと仕立て、矯正する技術といえるもので、それは次のようなものである。

生き続ける視線

一望監視施設は、個別化と可視化の原則をもって、中央の監視塔内に監視人を一人配備するだけで複数の収容者の一挙手一投足に視線を送り届ける統治術であるが、しかし収容者が監視人の不在、つまり視線の不在に気づけるならどうだろうか。それではかえってよからぬ企ての機会を収容者に知らせるようなものである。そこで、あらかじめベンサムは次のような措置を取る。看守が暗い監視室からよろい戸越しに収容者を見ることにより、収容者には中央の監視塔内部や看守＝視線の有無を判別できない設計とするのである。この「視線の不均衡」によって生み出される効果は絶大である。収容者が監視塔をいくら凝視しようとも、彼の視線は跳ね返されて自分に戻ってくる。それは「自分が見られているかもしれない」という状態を自らに言い聞かせるようなもので、つねに収容者はこの緊張感を内面化し、彼はたえず「見られるための客体」と化す。この施設は「権力の自動的な作用を確保する可視性への永続的な自覚状態を、閉じ込められる者に植えつけること」さえできれば、看守の有無を問わず、没個人的かつ自動的に、大きなリスクもコストも必要なく、効率的＝経済的に囚人を管理し、統治できるものだといえる。

このような技術形態の応用を工場や学校等、私たちの日常生活に見い出すことは容易であろう。例えば、押し黙った「監視カメラ」の存在を想像するだけでも、この技術形態が私たちの日常生活と無関係ではないことが理解される。それは「監視と同時に観察、安全と同時に知、個人化と同時に全体化、孤立化と同時に透明化」という、戦略的合理性をもってとらえられた規律＝訓練型の主体の姿である。まさにその技術形態は、現在の私たちの権力社会の問題ではなかろうか。監獄にその実現の特権的な場を見い出した一望監視施設とは、私たちが日々生活する近代社会の規律＝訓練型権力技術が発現した姿にして鏡なのである。

三　『知への意志』（一九七六年）

性への関心

『知への意志』は、フーコーの遺作となった『性（セクシュアリテ）の歴史』シリーズの第一巻に当たる著作である。その出版は一九七六年、前著『監視と処罰』とほぼ同時期に書かれ、ともにガリマール社の「歴史叢書」から刊行されている。

フーコーの「性」に対する関心は、かなり以前からのものであったらしい。実際、性に関する歴史研究の必要性については、すでに彼の『狂気の歴史』（『狂気と非理性』）の序文において告げられている。あるいはまた、彼はたびたび親しい友人たちにもそのような研究に着手したいと打ち明けていたが、おそらく自分にはそれを成し遂げることができないだろうとも語っていた。しかしながら、彼にとって「性」という観念は、権力と知が連携するメカニズムを考察するうえで、避けては通れぬ問題であった。現に、同性愛や性の解放をめぐる社会運動は絶えることがない。フーコーは『監視と処罰』において彫琢した権力論をさらに発展させながら、私たちの性に対する実践の自明性を系譜学的に解体することを試みる。

性現象の領域

たしかに、私たちのまわりには「性に関するもの」、あるいは「性的なもの」が数多く存在しているように思われる。数々の性に関する出版物や性への検閲・取締法令、信仰上の戒律や学校における性教育、生殖行為のメカニズムに関する生物学的解明やその医学的治療、あるいは思春期の性への興味と不安、性に関する貞節さや異常性愛等々、なるほどそれは枚挙《まいきょ》にいとまないだろう。そして、私たちにとって、性は何かうしろめたく、人前でそれを語るのがはばかられることも事実である。しばしば私たちの社会においても話題になることであるが、性は社会的に禁止される対象としてあるのではなかろうか。実際、幾多の刊行物が検閲され、発禁処分とされた事例も珍しくない。

そこで、私たちはこのような「性」にまつわる数々の現象が、あたかも自律的な一つの領域を形成しているかのように考えている。いわばそこには、先行する「性（セックス）」という根本的で本質的な観念を軸とした、諸々の実践、制度、快楽、諸科学等々が織りなす一大総体が現われることになる。このような視点に立って考えるとき、私たちはその総体を「性現象（セクシュアリテ）」の領域と呼ぶことができるだろう。もっとも、私たちにとってこの性現象の領域とは、暗く、陰鬱で、抑圧と禁止の臭いがする禁忌《きんき》の総体でもあるが。

抑圧の仮説

事実、十九世紀イギリスのヴィクトリア朝時代を典型とするように、性は抑圧されるべきものであり、現に抑圧されているのではないか。人は性に対して禁欲的であるのが美徳とされ、そうした道徳律こそブルジョワ社会の要である。そこで、性現象の領域に関する事柄は、社会的禁止の対象と見なされるのが一般的であろう。

とはいえ、そのような抑圧に反逆しようとした思想家たちもいた。彼らは性に対する抑圧と禁止が権力のしるしであり、そうした権力の濫用《らんよう》こそが告発されるべきであると考えた。簡単に言って、この観点から権力を批判し、性の解放を提唱したのがウィルヘルム＝ライヒやヘルベルト＝マルクーゼであった。しかしながら、フーコーによれば、性に関する抑圧と禁止とは、まさに仮説の域を出るものではないという。それはどういうことなのだろうか。

反対に、西欧社会はたえず人々に性を語るよう仕向けてきた社会である、とフーコーは主張する。

その実、言われてならないはずの性に関する言説は、抑圧されているどころではない。というのも、西欧近代における膨大なる性に関する言説の集積をどのように説明すればよいのか。ここで詳しい内容を紹介することはできないが、以前フーコーは『言説の秩序』において、性に関する言説の社会的排除システムを取り上げていたのだが、ここでその定義は捨て去られることになる。むしろ、性の言説は最大限に扇動され、駆り立てられてきたのが実情ではないだろうか。

例えば、一八六七年、フランスの片田舎である一人の農夫が村の少女と交わした性行為をとがめられ、憲兵に引っ立てられる。そして、彼は裁判官に有罪宣告を告げられるのであるが、そこへ他の分野の真理の介入があった。ある医師が彼に医学的判定を下すのである。しかもその医学的真理は法的判断をくつがえし、自らの純然たる場である病院へと彼を引き抜くことに成功する。

「重要なのは、それまでは農村生活の構成要素でもあったこの人物について、その頭蓋骨の大きさを測り、顔面の骨格を研究し、解剖学的特性を検査して、そこに性的墜落の可能な徴《しるし》を見つけ出そうとしたことだ。彼に語らせ、彼の考えや好み、習慣、感覚、判断などについて彼を問いただしたことだ。そして結局は、法律的には彼を無罪としたうえで、医学と知の純粋な対象としたことである」（渡辺守章訳『知への意志』新潮社）

この十九世紀の例にとどまらず、西欧社会は性に関する言説を医学的、心理学的、宗教的な領域等において膨大に蓄積し、そしてつねに管理してきた。それを歴史的にさかのぼるなら、すでに中世キリスト教の文献が性に関する言説を残しているという。

権力装置としての性現象

これまでの例に示された通り、まさに西欧世界は中世以来、今日私たちが「性に関するもの」と考える事柄について、書き、語ることに固執してきたのではないか。こうしてみると、性とは歴史を通して脈々と語り継がれてきた一つの客観的対象であり、つねに人々に与え続けられてきた避けられえぬ観念であるかのように思えてくる。だが、フーコーはここで慎重に踏みとどまる。私たちがそのように考え、あるいは「性」という自明な観念に寄りかかって行動することこそ、ある権力が自己存続のためにしつらえた一つの装置なのではなかろうか。それゆえ、その考察は性に関する膨大なる言説の山を前にして、今日の性を取り巻く諸科学の（なかでも精神分析学の）考古学へと向かうべきであろう。そして、その言説的実践が性にまつわる数々の事柄を知の対象として産出するのであれば、そのような知の配置を編制した権力の戦略的意図＝目標を解体する系譜学へとおもむくべきであろう。

このように、実は前に述べた「性現象」という領域は、「性（セックス）」なる観念の存在を肯定するものではない。一見、確固たる「性」という観念は、あらゆる「性的なもの」の歴史的源泉とするには、さほど必然性を持たない理念的な中心である。フーコーは次のように言う。

「われわれは、十八世紀から性現象（セクシュアリテ）を持っていて、十九世紀から性（セックス）を持っている。それ以前は、たしかに肉欲《にくよく》（シェール）は持ってはいたでしょう」（増田一夫訳「装置・性現象・無意識」、『同性愛と生存の美学』哲学書房、一部表記追加）

もっとも、「セクシュアリテ」というフランス語の初出は十九世紀初頭のようであるが、ここではもはやフーコーの発想が逆転していることに注目しておこう。「性」という起源＝源泉としての観念がまず存在して、そこから「性現象＝性的なもの」が派生していくのではなく、それぞれ別個に行われていた解剖学的、生物学的、教育的、法的等々のさまざまな事象が、ある戦略に基づいて組織化された結果、性現象という領域ができたのではないか。そう考えてみるならば、それは性現象の一大権力装置をなしていることになるだろう。先ほどの監獄の装置は自己存続のために「非行性」なる観念を分泌し、事実上それは規律＝訓練型権力技術の温床となっていた。同様に、性現象の装置も、自分自身の存立を支える要石として、「性」という観念を分泌しているのではないだろうか。そして、やはりそこには何らかの権力的技術形態、つまり権力の具体的な統治術が貫徹されている可能性がある。このような見通しに立って、まず性という観念を産出する知の配置と、それを編制した権力の戦略的関連性を見てみることにしよう。

性の科学

西欧近代において見られる顕著な特徴は、性を科学によって構成することである。とりわけ十九世紀以来、医学や精神病理学、精神分析学等々が、たえまなく性への執着と探究を繰り広げてきた。いわば、そこには性現象の領域を仕立て上げ、性という観念によってそれを強化する西欧近代の「知への意志」が貫かれている。というのも、かつての東洋世界や古代ギリシャ・ローマを見ればわかるように、今日私たちが「性的なもの」と認識する諸々の事象は、必ずしも性の科学ではなく、「快楽（性愛）の技法＝技術」として営まれてきたものであった。では、なぜ「性の科学」が必要とされたのか。フーコーによれば、それはまさに社会統治上の戦略と関連する性格を持つという。以下のように、性の科学は社会に四つの戦略的拠点を定め、性を警戒・管理されるべき、そして治療されるべき対象、あるいは権力の触手の介入地点として産出することに成功した。

一、女性の身体を性的欲望が充満し、ヒステリーの危険をはらむ知の対象とすることで、社会において、家族制度において、そして子供に対する関係において、重要なる介入地点とすることに成功した。

二、手淫《しゅいん》にひたる子供の性を危険な存在として対象化することによって、子供たちの性を管理・教育する介入点を確保した。

三、夫婦の生殖行為に社会性を付与することによって、政治的・経済的人口調整のための介入地点を用意した。

四、倒錯《とうさく》的快楽を精神病理学的に措定することによって、それを矯正・治療されるべき知の対象とし、同時に倒錯的快楽を貪《むさぼ》る大人への介入を可能とした。つまり、性現象において医学上の異常が持ち込まれる。

このように、女性、子供、夫婦、成人という性にまつわる四つの対象化は、そこに権力＝統治術の触手が降り立つ介入地点の成立を意味する。危険性をはらむ「性的なもの」は、社会統治上、野放しにされるべきものではなく、警戒され、資料として収集され、分析と判断と対処が施されるべき何ものかになった。

告白の実践

さらに具体的に考察してみよう。この統治術は、どのように社会へと介入し、人々を支配の網の目に連結するのか。一言で言えば、「語らせる」のである。そこには、人々が性について「語らせる」行為の規則性が確認される。まさにそれが「告白」の実践と呼ばれるものなのである。

フーコーによれば、少なくとも中世以来、今日私たちが性と呼ぶものに関する告白の実践は、西欧キリスト教社会とともに発展してきたという。もっとも、一二一五年のラテラーノ公会議による悔悛《かいしゅん》の秘蹟《ひせき》の規範化はまだ緩やかであり、肉欲は主要な関心事ではなかった。しかし、十六世紀半ばのトリエント公会議による司教規律と告解・悔悛の秘蹟へのさらなる配慮は、その表面的な慎重さに支えられながらも肉欲の言説化に対する技術的洗練を促す。もはや、信者はどんな些細《ささい》な肉欲の現われであろうとも、そのすべてを司祭に告白しなければならない。そして、それは十七世紀にすべての良きキリスト教徒のために義務づけられ、徹底化される。そこでは当然のことながら、すべての信者に肉欲を言説化することが望まれる。

十八世紀には、このキリスト教においてとぎすまされた告白の実践が、広く他の領域に転用・拡大されて、宗教的な地平を越え出ていく。政治的、経済的、教育的領域等々において多様なる性現象の言説化がなされ、労働力の問題と直結した人口の分析に、あるいはバゼドーの汎愛《はんあい》派運動による思春期教育に応用される。

そして、このような文脈のなかの十九世紀に、前に引用したフランスの片田舎を舞台とする、あの名もない農夫の事件が起こる。医学が、そして精神医学が、告白という実践による言説化と分析を施して、性の真理を生ませ、生む。

羊の群れ

そこで問題となるのが、非行人が「非行性」ゆえに個別的な監視＝管理のメカニズムへと組み込まれたように、「性」という観念を誘導灯＝誘い水にした個人化＝個別化の技術である。フーコーはそれを「牧人＝司祭型」権力技術と呼ぶ。そこでは「牧人＝司祭」が「看守」に置き代わる。この技術形態はすぐ前で紹介したように、キリスト教社会において発展してきた告白の実践を母型とする。厳密に言えば、この点についての説明は『知への意志』のなかではなく、のちの講演からのものであるが、それを簡潔にまとめれば次のようになるだろう。
一、この技術形態は、個人の救済の保証を究極目標として掲げている。
二、それは、単に強制的な命令によって人々を抑圧する王権のようなものではない。むしろ、信者の生命と救済のためには、司祭自身が自分の身を犠牲にする献身的覚悟が要求される。
三、社会全体をまず管理の対象として考えるのではなく、個々の人間を個別的に、その生涯にわたって見守るものである。
四、この技術形態は、人々の心の内面を知り、魂を探り、そして心の奥底にしまい込まれた秘密を告白させるために、相互的に語り／語らせることによってはじめてその効力が発揮され、行使できる。いわば、それは良心の知識とそれを教え導く技術であり、個々人が自らの真理を自分自身で述べなければならない。
牧人＝司祭型権力技術とは、自らを救う義務のある信者が献身的な司祭と一対一で向き合い、自分が救済されるために必要不可欠となる良心の教導を内心の吐露《とろ》によって受け取る形態である。司祭はあたかも羊飼い＝牧人が、群れなす羊の一頭一頭に気を配るように彼らをつなぎとめている。しかも、それは言説を誘い込んで、能動的に語る＝告白する個人が積極的にその関係性に参入することによって成立している。

フーコーが分析するところによれば、この技術形態こそ、十九世紀に科学化された性現象の権力装置において応用されたものであるという。この技術形態は性現象の領域のみならず、裁判や犯罪の取調べ、診察等々の他領域へと拡大・転用されてゆくだろう。そこでは、もはや個人が救済されるのは来世ではなく現世であり、健康、福利厚生、安全、治安、繁栄等が近代福祉国家における「統治性」の目標にすえられる。

性という真理

あらためて見るならば、この牧人＝司祭型の技術形態、つまり告白の実践は、大変巧妙な仕掛けを持っている。というのも、各人は自分の内面に危険で底知れぬものとしての「性的なもの」をはらみ、そこで医師、精神分析学者、教師、親たちが彼らに耳を貸すわけである。それは同時に、語り／語らせること自体がそうした「性的な主体」を成立させ、たえず内面の「性的なもの」に対して自己を覚醒《かくせい》させるような主体へと個人を強化する仕組みになっている。告白とは「性的なもの」を抱えた主体によって果たされるべきものであり、各人は自分をそれに沿った主体として構成しつつ、たえず各自の内面を能動的に吐露してゆかなければならない。それは単に外的な観察によってある事柄を言説化するのではなく、本人しか知りえないが、しかしその当人には判断しえない自らの「性的なもの」に関する真理を、当の自分自身に吐露させる技術なのである。

それは「語る」という個別的な行為自体に向けられる技術であると同時に、社会を構成する一員の身体を確実に権力の触手につなぎとめることのできる統治術である。そこでは、性がたえず体験として各自の身体に生じる快楽に結びつけられ、はてはすべての快楽の背後に性があるとされて、人は性という観念に取りつかれる。ひとたびこの「性」という観念にとらわれた人々は、性の科学が提示する快楽のエコノミーに沿うよう行動し、自分を自分自身で管理することになるだろう。このように性現象の装置がしつらえた、快楽のエコノミーによって規格化された「性的欲望の主体」こそ、権力が自らの統治術を行使するために産出した近代人の姿なのである。

個別的かつ全体的に

最後に、簡単にフーコーの権力論的視座を振り返っておこう。監獄装置における規律＝訓練型権力技術、あるいはまた性現象の装置における牧人＝司祭型権力技術は、ともに「身体」という権力の標的を通じて、人々を個別化＝個人化し、あるべき規格に合った主体へと個人を仕立て上げる戦略を持っていた。それは権力に奉仕する「主体化＝臣民化」の生産過程にほかならない。そしてその「個人化＝主体化＝臣民化」は、個別化すると同時に、その個人を社会全体のなかへと組み込む全体化の統治術でもある。

権力とは、このように人々を特定の関係に調整し、統御するような具体的な技術形態を必ず持つ。しかもそれは、反抗や反逆のリスクが大きい、暴力的な処罰や処刑を実施するよりはむしろ、非行性や性という観念を用いて監視し、生かす、合理的で経済的な技術形態である。フーコーによれば、このような個人の身体と生に対する権力の技術形態こそ、西欧近代が選び取った統治術であるという。その種別的な二つの技術形態は、一方では権力が「見ること＝視線＝目」を、他方では権力が「聞くこと＝聴取＝耳」を効率的に可能とするものであった。

第三章　後期の思想（一九八〇年代）――道徳的自己実践の系譜学

一　道徳と倫理

自己からの離脱

前章で見たように、フーコーは権力と知の連携・連動を探究することによって、権力の技術が「規格化された主体」を産出するメカニズムを明らかにした。権力は「個別的かつ全体的」に統治術を貫徹しようとする。そこには、本来多様であるはずの個々人が知らずと規格化され、従順なる臣民の姿へと統合される過程があった。その具体例が一望監視施設における「視線の内面化」や、告白の実践による「内なる真理の自覚化」である。だが、しばし立ち止まって考えてみるなら、なぜ人々はいとも簡単にこのような権力的技術に屈して、その統合の過程に自らを同化させてしまうのか。前章で片づいた問題のように思えるが、実は、ここに見過ごすことのできない根本的な論点がひそんでいる。この章の出発点はそこにある。

あらためて確認しておくなら、そもそもフーコーの権力観では、個々人の行為は自由なる恣意性を持つことが前提とされていた。バラバラであるはずの人々の行為が、なぜ指一本触れることなく統率されて規則性を帯びるのか。そこに権力の統治術と称される所以《ゆえん》がある。この論点に近代的＝同一的主体の問題がからんでいることは明確であるのだが、権力の技術が規格化された主体によって個々人の行為を統御するのならば、私たちはさらに徹底的に現在の「われわれ自身」の姿を反省してみる必要があるだろう。私たちは、権力装置が構成＝規格化し、知らないうちに私たちを誘い込んでいる主体のあり方に根本から目を向け、ひいてはそこから離脱することができるのであろうか。それは構成された＝規格化された主体から逃れ出る、新たなる「主体化」の諸形態への問いの転換を意味するものだろう。

啓蒙《けいもう》とは何か

以上のような問題構成上の変遷《へんせん》をたどるために、興味深い二つのテクストがある。それらは、『知への意志』執筆後のフーコーの思想展開をよく表わしている。その一つ目は、一九七九年、フランス哲学協会でなされた「批判とは何か」という講演であり、二つ目は八〇年代初頭にまとめられた「啓蒙とは何か」という論稿である。そのテクストの内容は、どちらもフーコーのカント論である。かいつまんでその要点を見てみることにしよう。

一七八四年、カントは「啓蒙とは何かという問題に対する解答」と題された短い論文を雑誌に寄稿する。そのなかでカントは、「啓蒙」を単なる知性の開化や知識の豊かさとしてとらえるのではなく、人が自らの理性を十二分に用いて自分自身で物事を考えること、と定義した。人が他人から押しつけられた考え方や既成の真理を鵜呑《うの》みにしているかぎり、いわばそれは「後見人」を頼る「未成年」の状態にあるようなもので、カントはそのような姿を啓蒙とは見なさなかったのである。そこで、カントは「あえて賢かれ」、そして「自己自らの悟性を使用する勇気を持て」と力強く啓蒙の標語をその論文の冒頭に書き記し、「後見人」に指示・統治される状態から脱却せよ、と読者を促す。

フーコーによれば、このようなカントの啓蒙への問いは、「われわれ自身」とそれを取り巻く歴史的現在性の双方をともに見すえようとしているという。それはどういうことか。まず、「われわれ自身」の状態がそこで問われている。私たちは「後見人」を頼る「未成年」ではいけない。そして次に、啓蒙社会の実現へ向けて、人類史における各自の問い立ての責任も問題となろう。そこでは、歴史上のこの今現在に考えるべき事柄とは何なのか、という論点を各自が確定しなければならない。

カント

批判と自律

以上のことに関連して、カントの啓蒙論にはさらに見逃すことのできない論点がある。それはカントの他の著作との関係である。カントの啓蒙論は、人々が「未成年」の状態を脱して自らの理性を自発的に使用するものであるが、そのために「われわれ自身」はどのような手順を踏むべきか。フーコーの見解によれば、まさにそれがカントが言うところの「批判」であるという。各人が自ら固有の理性を用いて思考するということは、いかなる権威にも従うことなく自律的に物事を根本から問い直すことである。そして、それは理性自体も逃れえぬ問い立てである。そこで、まず私たちは、いかに自らの理性を用いるべきか、と自問しなければならない。この批判の作業は、知りえるもの、なすべきこと、望みうることを規定するために必要不可欠なものであり、それは理性の使用の諸制約を明らかにする。逆に言えば、自らの理性をその諸制約へと適用させずに不当に使用すれば、錯覚や独断論、他律等々を生み、真に個々人自らが思考しようとする啓蒙社会を阻害する。それゆえ、批判なき啓蒙社会はありえず、そして批判の遂行こそが啓蒙社会を体現した姿となる。フーコーはカントの批判と啓蒙の一体性を次のように述べる。

「《批判》、いわばそれは《啓蒙》において成人となった理性の航海日誌＝報告書のようなものです。反対に、《啓蒙》、それは《批判》の年齢＝時代です」（「啓蒙とは何か」）

このカントの批判（「普遍的で必然的な認識の仕方自体を認識する手順」）は、厳格な「自己と自己の関係性」なくしてはありえない。つまり、カントの超越論的な認識には、フーコーが「倫理」と呼ぶものが確認されるのである。かつてデカルトにおいて、真理に近づくためには明証なるものを見分けられればよいことであった。デカルトの「私」とは、いつどこの私でもかまわない。だが、カントにおいてはそうはいかない。認識主体を独断と懐疑にはまり込むことない普遍的主体として得るために、いわば禁欲苦行を伴う「自己と自己の関係性」がそこに持ち込まれている。同様に、道徳的主体についても普遍的な法則＝規則（定言命法）に自らを合致させつつ、おのおのの行動のなかで普遍的主体となるように要請される。そこでは、批判の手順を踏んだうえで獲得された、正当なる理性の使用法とたえず一致＝照合するような「自己と自己の関係性」が保持されなければならない。そのような倫理的な基準を通して普遍的主体であることが、カントの啓蒙社会を支える原理となる。

それゆえ、たとえカントが「いくらでもまた何事についても意のままに議論せよ、しかし服従せよ」というフリードリヒ大王の言葉をその論稿中に引いていたとしても、それは自らの理性に基づいた啓蒙社会の実現へ向けた途上の発言であることが理解できる。そこには、何に対してどのように服従するのか、という各自の自律的な問い立てがまず優先されていなければならない。いうなれば、服従に値しないものに対して従う必要はないが、服従するべきと確証されるものについてはどのように従うのか、ということがそこでは問われてい

『マガジーヌ・リテレール』誌のフーコー特集号（1994年10月）

る。カントの啓蒙社会においては、従うべきものを「内なる立法＝自己立法」に求めなければならない。各人の自律＝自己統治こそがカントの啓蒙の理想である。

批判的態度

このようなカントの議論を突き詰めて考えるなら、もし、服従を強いる側が他律的に先手を打って「いかに統治するか」と案出してくるなら、それに対して「どのようにしかじかの者として統治されないようにするか」と問う、ある統治性に抗する自律的な第一歩が人々に確保されていなければならないだろう。さもなくば、人は永遠に未成年の状態を脱することができない。これをフーコーの観点から言えば、次のようになるだろう。

ある服従を強いる権力の技術が、その戦略的合理性のなかで「われわれ自身」の姿を都合よく仕立て上げているとするなら、私たちはそれに敏感でなければならない、と。

フーコーによれば、この合理性に対する「批判的態度」とでも呼ぶべき思想の流れが西欧にはあるという。批判的態度は直接、間接に現在の「われわれ自身」を考えるための分析視点を与えてくれる。ドイツでは、古くから現代のフランクフルト学派にいたるまで、技術と合理化に関する数多くの思索が展開された。フランスにおいても、エピステモロジーが科学と合理性の関係に幾多の思いをめぐらせた。フーコーは、こうした技術と合理性に対する批判的態度と、自分が考察してきた権力分析を重ね合わせてみる。というのも、彼が解明してきた規格化された主体とは、権力の技術によって合理化された「われわれ自身」の姿にほかならないからである。ここで、フーコーの権力論は近代的技術と合理性に対する批判的態度を含むものとなった。

新たなる啓蒙の時代

こうして、フーコーは新たに思索の糧《かて》を得た。その論点を要約するなら三つあるだろう。まず第一に、カントの啓蒙概念から受け継ぐべきものとは何か。第二に、カントが自らの議論に導き入れた「自己と自己の関係性」＝倫理をどのように考えるべきか。第三に、近代における権力の技術と、その種別的な合理性にいかに対処すべきか。これらの問題は互いに結びつくものとなるが、それをこれまでのフーコーの権力論的視点に照らし合わせながら、簡単にまとめてみることにしよう。

一、カントの啓蒙論は、現在の「われわれ自身」の姿にたえず問いかける姿勢を持つ。それは一つの理論や学説として受けとめるべきものなのではなく、この現在において与えられている「われわれ自身」の姿を安易に受け入れない思想的な構えである。そして、それは他律に抗する自律を原理としている。それゆえ、この論点は権力に屈服する「われわれ自身」への警戒と、権力が分泌する真理への異議申し立ての「勇気」を持つものとなろう。

二、カントの場合には、自己と自己の関係に「普遍性」が要求されなければならなかったが、そのような普遍的主体＝同一的主体が権力との関係で疑問に付される今、他の倫理の形態が問われなければならないだろう。そこで、フーコーはカントが提唱するように未成年を脱して成人になれ、とは言わない。しかし、他の倫理的関係において自律的な「われわれ自身」の姿がありうるかどうか、という点を考えてみる価値は十分あるだろう。

三、近代の権力の技術が、その戦略的合理性ゆえに私たちへ「規格化された主体」の姿を強いてくるなら、合理化を生む技術の問題に無頓着《むとんじゃく》であってはならないだろう。特定の技術形態によって合理化された「われわれ自身」から脱するには、技術論の観点から権力の問題に切り込んでみる必要がある。そこで、「テクノロジー」に関する再考が問われることになる。

現在の「われわれ自身」とは何か　以上のような文脈のなかで、フーコーは今後自分が進むべき方向を確認したと思われる。すでにフーコーは権力分析を通して、私たちの規格化された主体の姿を浮き彫りにすることができた。そして同時に彼は、そうした主体の姿を保証するような、真理を生み出す知の働きも明確にした。だが、その分析は単に権力側からの主体産出メカニズムを考察したにすぎず、そこから越え出るための明確な可能性の指標を持ちえていなかった。その分析は、従順なる臣民の姿を解剖するだけにとどまっていたのである。では、いったいどこにその越境の指標を求めたらよいのか。フーコーは規格化された主体を逆手《さかて》に取って、押しつけられた主体のあり方の限界点を見定めようとする。もし、現在の私たちが権力の技術によって構成された主体であるならば、そのような従順なる臣民としての「われわれ自身」の構成要素を詳細に検討してみようではないか。現在の「われわれ自身」は、何をもって、どのように「自己」を成立せしめているのか。そのうえで、規格化された主体に代わる新たな自己の形も、そこで問われなければならない。

この議論を考えるためには、自己と自己の関係性に注目して、倫理的、広くは道徳的な観点が有効である。その観点があってはじめて、なぜ私たちはしかじかのごとく考え、そのように行動してしまうのかという、現在の「われわれ自身」の姿とその限界点を明確にすることができる。今後の考察が目ざすものは、「われわれ自身」の限界点＝境界地点を系譜学的、批判的態度において解明・解体し、さらにはそこからの越境を試みるものとなろう。いわば、これまでのフーコーの系譜学的視点の上に、現在の「われわれ自身」の「歴史的存在論」とでもいうべき視点が新たに付け加わった。権力の技術が規格化された主体によって自らの統治・支配を貫徹しようとするなら、「どのようにしかじかの者として統治されないようにするか」という、もう一方の対抗技術も問われねばなるまい。今やフーコーの関心は、権力の技術が強いてくる戦略的合理性に抗することができるような、自己と自己の関係性についての新たなる倫理的技術の対置にある。それを「自己のテクノロジー」と名づけておくことにしよう。

自己のテクノロジー

そこで、フーコーの技術論に関しても、ごく簡単に整理しておきたい。彼の考えによる「技術」には、どのような種類があるのか。一九八二年、アメリカでなされた講演のなかで、フーコーはおよそ次のように述べている。若干の補足を加えつつ、これまでの彼の思想的な歩みを重ね合わせてみよう。

一、生産のテクノロジー。私たちはこれによって物を生産したり、変形・加工したり、あるいはそれを取り扱ったりすることが可能となる。

二、記号体系のテクノロジー。これによって私たちは、記号、意味、象徴、意味作用等々を扱うことができる。フーコーの方法論上、このテクノロジーへの分析は考古学的手法にかかわるものといえるが、そこには非言説的実践へと橋渡しされる言説的実践という軸が設定されていた。

三、権力のテクノロジー。これは、前章で取り上げたものであり、これによって人々の行為は統御されて、個々人がある目的や支配＝服従に誘い込まれ、結局、主体化＝臣民化＝客体化が貫徹される。これは人々の行為に向けられる統率技術であり、知らずと「われわれ自身」によって遂行されてしまう行為の連鎖である。その根幹となるものが、合理化＝規格化されて産出される「われわれ自身」の姿であった。この視点は系譜学的手法において言説的実践と連動しつつ、権力的実践という二つ目の軸をなす。

四、自己のテクノロジー。これによって個々人は、自分自身の方法を用いたり、あるいは他者の介入よって、自分の身体や魂、思考、行為、生存に働きかけることができる。その目標は幸福や純潔、知恵、完全性等々、ある何らかの状態に達することにある。これは自分自らにかかわる倫理的作業であり、自己の変容に関する技術といえる。この道徳論的な「自己実践」の問題は、フーコーの三つ目の軸となる。

これらのテクノロジーはたえず連動しているものであるが、これからフーコーが見定めようとするのは、「真理」（「知」）～「権力」～「自己」に関するテクノロジー上の関連である。

自己認識と自己配慮

フーコーによれば、自己のテクノロジーを考えるうえで、興味深いエピソードがあるという。それは今日の西欧社会の道徳観を代弁するような、一つの象徴的な挿話である。彼が言うには、人に「古代哲学におけるもっとも重要な道徳原理は何か」と問うと、デルフォイの神殿に記された「なんじ自身を知るべし」と答える者が多いという。しかしながら、そもそもこの格言は神にうかがいを立てる際、なすべき「自分自身への技術的配慮」を表わしたものであり、道徳的な掟《おきて》を示すものではなかった。古代では、まず「なんじ自身に気を配るべし」という自己配慮のほうが社会的、あるいは個人的な振舞いについての第一関心であり、それは必ずしも「いったい自分が何者なのか」という自己認識を意味するものではなかった。

逆に言うならば、このエピソードは、今日の西欧社会が「自らが何者であるのか認識せよ」という自己認識の理念に覆われていることを示している。なぜ、そのようになってしまったのだろうか。フーコーはそこに二つの理由を見る。一つ目として、キリスト教的道徳律の影響があげられる。つまり、この世の何にもまして「自分に気を配る」ことが、救済のために必要とされる自己放棄を妨げる。そこでは、「気を配る」のではなく、「自己を認識して、その自己を放棄すること」が目標なのである。次に、自己認識の優位を後押しする二つ目の要因として、デカルトからフッサールにいたる純理論的な哲学思考もあげられよう。その思考形態は、明らかに「自己＝思考する主体の認識」を基底としている。

いずれにせよ、今日の西欧社会にあっては、「なんじ自身を認識すべし」が「なんじ自身に気を配るべし」に打ち勝っているのであり、この二つの古代の提言はいつのまにか転倒していたことになる。いうまでもなく、そこには近代社会を貫く権力の技術が連動しているのであり、まず第一に、「規格化されたなんじ自身」を人々にすり込まなければ、円滑な統治・支配が望めないという理由がひそんでいる。統一化＝規格化された形で個々人が自己自身にかかわるよう仕向け、ひいては自己に関するテクノロジーに目を向けさせないこと、それが近代の権力技術の特徴といえる。

生存の美学

ところで、テクノロジーという言葉は、ギリシャ語の「テクネー」に由来するものである。テクネーはのちにラテン語の「アルス」になるが、このアルスは今日の

「アート（技芸＝芸術）」にほかならない。それをフランス語でいえば「アール」ということになるが、フーコーはこの言葉ついて次のように述べている。

「私が驚いていることは、私たちの社会ではアート（技芸＝芸術）が諸個人や人生＝生活ではなくて、もはや物体にしか関係を持たなくなっていることです。つまり、アートとは専門的な一つの領域、すなわち芸術家といった専門家たちのための領域であるかのようです。しかしながら、すべての個人の人生＝生活とは、一個の芸術作品でありうるものなのではないでしょうか。なぜ、絵画や建物が美術品（芸術対象）であって、私たちの人生＝生活がそうではないのでしょうか」（「倫理の系譜学について」）

自己のテクノロジーとは、このような「芸術作品としての人生」を磨き上げる「技芸＝アート」のことである。ここで、その言葉の奥深い射程と広がりについて語り尽くすことはできないが、いわば今日の私たちは、このような自己についての技芸＝技術を忘れ去っている。自己を認識するのではなく、自己を美的な基準によって配慮するテクネーがかつて存在していた世界があった。ギリシャである。

二　『性の歴史』シリーズについて

『性の歴史』のプラン問題　フーコーの問題意識は、その前線を大きく変えている。以上のような思想上の展開を系譜学的歴史分析の場面にさらに付け加えなければならない。この思想的転回とともに、当初予定された『性の歴史』シリーズの計画はどのようになるのだろうか。

少しくさかのぼってみることにしよう。フーコーは『性の歴史』シリーズにおいて、初めて自らの著作を複数の巻に分ける手法を取っていた。彼はその第一巻である『知への意志』について次のように述べていた。

「この本は論証的な役割を持った本ではありません。序曲のように、鍵盤を叩いてみて、主題を素描し、読者がどんな反応を示すか、批評はどういうところへいくのか、どこが理解されないか、どんな怒りがかえってくるか、そういった事柄を見るためにあるのです」（山田登世子訳「身体をつらぬく権力」、『ミシェル・フーコー　一九二六〜一九八四』新評論、一部変更）

ここには、権力と知の連携に敏感に反応する知識人の姿がある。いわば、シリーズの第一巻をなす『知への意志』は、読者の反応を考慮するために、独立して刊行させた「序文」の役割を持つものであったわけだ。とはいえ、著者は、その後の見通しをまったく持たぬままに第一巻を世に出したわけではない。予定されていた『性の歴史』の計画には、一つの明確な方向性が存在していたことは確かであろう。当初の刊行予定は次のようなものであった。

第一巻『知への意志』（一九七六年、既刊）
第二巻『肉欲と身体』
第三巻『少年十字軍』
第四巻『女と母とヒステリー患者』
第五巻『倒錯者たち』
第六巻『人口と種族』

これらの題名からも察することができるように、『知への意志』に続く一連の続巻は、とりわけ前に見た性現象の装置に関する告白の実践史と、性の科学化に伴う四つの戦略拠点を詳説するものであったらしい。

『肉体（肉欲）の告白』

『知への意志』刊行後、フーコーは当初の予定通り、告白の実践を扱う「第二巻」に着手した。彼は、初期キリスト教の告解の資料の山に取りかかる。実際、彼はその研究プランに沿って、次に刊行されるはずであった「第二巻」の大半を執筆していたようである（そして未刊ではあるが、この「第二巻」のために書かれた草稿へ大幅な改正が加えられて『肉体（肉欲）の告白』が著述された）。だが、そこに一つの疑問が持ち上がる。そもそも、なぜ人は性現象を道徳の主要なる懸案として提出し、自己を「欲望本位の人間」として認識するようになったのか。なるほど、キリスト教の戒律と告白の実践がそこでは大きな役割を演じるだろう。しかし、単にキリスト教を悪玉に仕立て上げることが問題なのではないし、また実情もそうではない。ここで彼に突きつけられた疑問とは、性現象において自己と自己がかかわる際に、いったい何をよりどころにして自分自身を導き、いかに道徳的に行動したのか、という新たなる研究上の軸である。フーコーの関心は、自己と自己の関係性＝倫理における真理の役割とそれに伴う自己実践となった。実は、この彼の関心を、哲学的・理論的側面で表明したのが、前に見たカント読解であったといえる。

『快楽の活用』と『自己への配慮』へ

そこでフーコーは、刊行しなければならない『性の歴史』の続巻をどのようにするべきか、と自問した。予定通り、性的欲望の主体を産出する性現象の装置を系譜学的に分析することに専念し、現在の関心を一時保留にするべきか。あるいは根本的に『性の歴史』の計画自体を変更し、規格化＝合理化された主体を知らずと引き受けてしまう自己と自己の関係性を考慮に入れて、そこから抜け出してゆけるような新たな自己の可能性へと探究を方向転換するべきか。フーコーは後者を選んだ。実際に著述された『性の歴史』の続巻は以下の通りである。
第二巻『快楽の活用』（一九八四年）
第三巻『自己への配慮』（同年）
第四巻『肉体（肉欲）の告白』（未刊）
したがって、厳密に言うならば、もはやこれらの著作が思索の対象としているものは、性現象の装置に関する歴史ではない。むしろ、これらの続巻は、自己と自己がかかわる際になされる行為の規則性、つまりは「自己実践」の歴史のほうが主眼であって、その具体例を性現象の領域に求めたと言ってもいいだろう。
かといって、自己実践の具体的な場面を性現象のなかに探究することは無意味ではない。性現象と呼ばれる領域は、すぐれて倫理的な次元と結びついた性格を持つ。自分の性的な欲求や快楽と、どのように付き合ってゆくのか。あるいは、いかなる価値基準に基づいて、私たちは性的なものにうしろめたさを感じ、自分にブレーキをかけてしまうのだろうか。そして、性的なものを通して、いかに自分をしかじかの者として認識するようになってしまうのか。こうした自己と自己の関係性を歴史的にさかのぼるとき、そこには「道徳」と呼ばれる領野が開けてくる。いったい、性にかかわる事柄は、どのようにして道徳的な関心に組み込まれ、問題として構成されてきたのであろうか。
この試みは、フーコーによる道徳の系譜学であると言ってよいだろう。権力論的視座が装置に照準を合わせるのに対し、これから探究してゆく道徳論的視座は倫理に着眼することになる。

道徳の系譜学

フーコーは、一九八四年、新たに『性の歴史』シリーズにはさみ込まれた著作紹介の「しおり」のなかで、各巻の配分を説明している。これからの議論の見通しにもなりえるので、その一部分を見てみよう。

「結局、以上の理由から、古典期古代から初期キリスト教時代の数世紀に及ぶ、欲望の人間の系譜学に関する、この膨大な研究の全般的軌道修正が生じた。そして、そこに一つの全体を織りなす、以下の三つの巻への配分も生じたわけである。

『快楽の活用』は、性行動が古典期ギリシャの思考によって道徳的評価と道徳的選択の領域として考察されてきたその流儀を、そしてその思考が照合＝準拠する主体化の諸形態を研究する。つまり、倫理的実質、服従化の諸類型、自己鍛練の形式、そして道徳的目的論の形式に関する研究。それと同様に、医学的、あるいは哲学的思索がこの「快楽の活用」（中略）をどのように入念に磨き上げたか、そしてまた、経験の四つの大きな軸、すなわち身体との関係、妻との関係、若者との関係、真理との関係のうえにたびたび反復して現われることになる禁欲についての若干の主題をどのように定式化したか、という点を研究するものである。

『自己への配慮』が分析するのは、紀元後、最初の二世紀におけるギリシャ・ラテンの原典における、右のような問題構成＝問題化であり、そして自己自身の専心によって抑制＝占拠されている生の技法＝技術のなかでこの問題構成がこうむる転換である。『肉体（肉欲）の告白』が最後に扱うものは、数世紀に及ぶ初期キリスト教の肉体＝肉欲の経験についてであり、またその経験において、欲望の解釈学と欲望の浄化に関する解読が果たす役目についてである」

主体化と経験

このように、フーコーは『性の歴史』を組み替えた。この要約のみならず、晩年のフーコーにたびたび見られる「主体化」と「経験」という言葉にここで注目しておこう。その重要さは次の発言でさらに明確になる。

「一個の主体、むしろ複数の主体にいたるのは、それ自体が仮のものである過程の合理化としての経験なのです。人が主体の構成、一層正確には主体性の構成にいたる過程を、主体化と呼ぼうと思うのですが、それはもちろん、自己意識の組織化の一つの可能性にすぎません」（増田一夫訳「道徳の回帰」、『同性愛と生存の美学』哲学書房、一部表記変更）

ここには、一度『知の考古学』のなかで、『狂気の歴史』のあいまいな用語として打ち消された「経験」なる言葉が積極的にふたたび姿を見せている。この経験は独立した主観性によってとらえられるものでもなければ、かつて『狂気の歴史』で用いられた単なる構造論的研究上の表現ではない。性現象に話をしぼるならば、現在の「われわれ自身」ゆえに「経験」された性なのであり、特定の「主体化」の歴史的過程によって仕組まれた「経験」である。では、フーコーは性に関する現在の「われわれ自身」の姿と経験を、どのように解剖・解体するのであろうか。そして、彼は現在の「われわれ自身」から、いかに越え出てゆくのだろうか。『快楽の活用』と『自己への配慮』に踏み入ろう。

三　『快楽の活用』と『自己への配慮』（一九八四年）

四つの主題

この二冊の著書も、ガリマール社の「歴史叢書」シリーズから刊行されている。この二冊が、フーコーの遺作となった。特に『快楽の活用』の「序文」は、後期フーコーの思索を考えるための重要な論点を含んでいる。

書物の内容へ入ろう。フーコーは、古代とキリスト教社会の「性」に関するイメージの対比から議論を始める。一般に、性に関するキリスト教的西欧世界の道徳観を考えるとき、いちばん先に頭に浮かぶものは厳格さや禁忌、あるいは禁欲といったイメージであろう。それはキリスト教以前、つまり古代ギリシャ・ローマの異教のイメージと比較するとき、さらに強調されるものとなる。

一、性行為の価値。キリスト教は性行為を悪や原罪、失墜や死に結びつけるのに対して、古代では生活上、何かもっと積極的な意味合いが付与されていたものであるように思われる。いうなれば、キリスト教的身体＝肉体は、忌《い》むべき快楽や欲望の源泉として価値的に低い。

二、一夫一婦婚について。キリスト教における唯一合法的な性行為の相手とは、もっぱら一夫一婦制のなかで生殖を目的とするパートナーであり、それに対して古代の性行為は比較的自由であったように思われる。つまり、キリスト教の婚姻は、忠実貞節でなければならない。

三、同性愛について。前の原則からもわかるように、キリスト教における同性愛は避けるべき性行為である。それに対して古代では、この種の行為は広く承認されていたらしい。とりわけギリシャでは、若者と賢者の同性愛は知恵を得るために賞賛の対象であった。だが、キリスト教における同性との性行為は禁忌の対象である。

四、純潔について。キリスト教が永遠の純潔や処女性に高い価値を置くのに対し、古代ではさほどこの問題について決定的な戒律を定めてはいなかったのではないか。つまり、キリスト教においては純潔の真理がある。

四つの反証

このようなキリスト教の厳格さは、アレクサンドリアのクレメンスが著した『教育者』の第二巻、第十章にすでに現われているという。しかし、フーコーによれば、その見解が聖書への原典参照によって導かれているとはいえ、キリスト教世界と古代ギリシャ・ローマ世界の境界が不確かに思えるほど、それは古代哲学の教訓や原理を受け継ぐ内容を持つものであるという。そこで、今度はあえてその連続性を取り上げてみよう。

一、ギリシャのアレタイオスやソラノスは性行為の健康に対する有害性を警告し、性の快楽の活用に慎重さと節制を勧告している。つまり、古代でも性行為へのある種の恐れが存在していた。

二、古代のプリニウス、イソクラテス、アリストテレス、あるいは小カトーらは、それが法制や習慣によって要請されていないにもかかわらず、自分の正妻に対する夫の忠実さを賞賛し、すでに道徳上の問題として提起していた。すなわち、のちの一夫一婦制に通じる行動図式が、すでに古代には存在していた。

三、古代では同性愛がのちの道徳観のごとく否定的に語られることはないが、かといって、それは単純に受けとめられるべき問題ではなかった。『パイドロス』でソクラテスが説くように、ある種の若者との同性愛は、それが成人男子における自由市民の威信や尊厳をひどく傷つけるものであるとして、忌み嫌われるべき性行為とされていた。古代においても、ある種の同性愛については、道徳的に劣るイメージを持つものが存在していた。

四、誘惑に対して身をそらす術を知る者は、キリスト教特有の人物といえようが、しかし古代にも自己を抑制し、欲望を抑えて性の快楽を断念する人物像は存在する。のちのキリスト教的な禁欲と純潔を通した真理への求道経験は、古代のクセノフォンやソクラテスの言葉のなかにも共通性が見い出せる。真理への接近を禁欲によって成し遂げようとする模範は、すでに古代に存在するものであった。

道徳論的な問い立て

では、これら四つの見解に基づいて、性に関する道徳の問題が、古代から今日まで一貫した連続性を保つ事柄であるとするべきか。しかし、そのような性をめぐる道徳観には、いわば「規範」偏重の見方が影を落としてはいないだろうか。道徳とは、ある法規や習慣の順守のみに尽きる領域ではない。そこには、自ら道徳的主体になるための、多様なる自己と自己の関係性が存在するのである。もちろん、キリスト教的道徳観が統一的で首尾一貫した強制的性格を持つのに対し、古代ではむしろそうではなかったとする見解も重要であろう。だが、フーコーの関心は性現象をめぐる道徳的規範の歴史を記述することではなく、そこに繰り広げられる自己の自己に対する技術＝技芸を考察することである。それゆえ、私たちは倫理へと分析を絞り込み、自己実践に焦点を合わせなければならない。そこで、フーコーはさらにその問題が浮き立つように、道徳を詳細に考察しうる方法論的指標を提示する。

道徳規範と自己実践

以下の図を見ながら考えてみよう。まず、フーコーは道徳という領域を大きく二つの観点に従って区分する。

- 道徳
  - 道徳の規範的側面
    - 道徳規範
    - 振舞いの品行性
  - 道徳的主体化の側面
    - 倫理的実質
    - 服従化の諸類型
    - 倫理的作業＝鍛錬の形式
    - 道徳的主体の目的

一、道徳の規範的側面。私たちが道徳と呼んでいる領域は、はなはだあいまいで、きわめて幅広いものであるが、そこには明文化されたものやそうでないものを問わず、ある価値と行動に関する「規範的総体」が想定される。そしてまた、そのような規範には、現実に個々人がその規範に照らし合わせながら、おのおの個別に行う実際の行動も必ず存在するはずであるが、その結果、規範と実際の行動の間で、ある行動のかたよりや違反に対してどのような許容度を示すのか、という関係がつねに伴うことになる。フーコーは前者を「道徳規範」、後者を「振舞いの品行性（＝道徳性＝戒め）」と呼ぶ。

二、道徳的主体化の側面。これは主体化の諸形態の側面と言い換えられる。たとえ道徳的行動規範が決まっているとしても、その規範に則して「振る舞う＝自分を導く」流儀はいくつも存在しうる。つまり、そこには規範のみに還元できないような、いくつかの行動類型が規定しうるだろう。行動する個人が単にその行為の主体であると確認するだけでは不十分であり、そのような行動の主体にいたる、主体化の諸様式を綿密に峻別する必要がある。このように、道徳的主体にいたる＝自分を導く数々の流儀を、主体化の諸形態の側面と呼ぶ。

主体化の四つの論点

この後者、つまり道徳的主体として自らを導く流儀を考えるうえで、さらに四つの論点を明らかにする必要もある。この四つの論点は互いに複雑な関係を結びつつ、主体化における倫理的特色を浮き彫りにするものであろう。

一、倫理的実質の規定。ある個人はいったい何を、どのように自らの道徳的行為の主要なる題材として取り上げるのか。

二、服従化の諸類型の規定。ある個人は道徳規範に準ずる自らを形成する際に、その価値や行動の規則に対して自己をどのように位置づけ、そして認識するのか。

三、倫理的作業＝鍛練に関する諸形式の規定。ある個人は自分自身を何らかの行為の道徳的主体へと変容させるために、いかなる態度で、どのような鍛練の形式を活動手段として用いるのか。

四、道徳的主体の目的論の規定。ある個人はいったいなぜ、何を目ざして道徳的行為を構成させるのか。

要するに、何らかの行動が道徳的だといわれるためには、ある規範的側面のみに話を還元してはならないということである。そこには自己と自己がかかわる倫理と呼ばれる関係性が必ずある。この関係は単に自己の意識であるだけではなく、道徳的主体としての自己の組立てでもあり、それがかかわる地点も、従うべきものも、その手段や方法も、さらにはその目的も多様なのである。このような綿密な視点があってはじめて、道徳の種別性やその歴史的推移を比較・検討しうるようになるだろう。

ギリシャの道徳

では、その具体例をギリシャに求めてみよう。そこではいかなる道徳が姿を現わすのか。

「まずは、アフロディジアの概念であり、それを通してわれわれが把握できるのは、性行動のなかで《倫理的実質》として認識されていたものである。次に《活用》つまりクレーシスという概念であるが、そのおかげでわれわれは、この快楽の実践が道徳的な価値付与を得るために従わなければならなかった服従化の類型を把握することができる。また克己（エンクラテイア）という概念は、自己を道徳的主体として構成するために自己自身に対して持つべき態度を規定する。最後に《節制》、《思慮》つまりソフロシュネという概念は、完成した形における道徳的主体の特色である。こうしてわれわれは、何が性的快楽に関する道徳的経験を構造化するかを明確に限定できるだろう——この経験の存在論、その義務論、その鍛錬論、その目的論」（田村俶訳『快楽の活用』新潮社、

アリストテレス

プラトン

ソクラテス

一部表記変更）

若干の解説をしておこう。まず、「アフロディジア」とは、ギリシャにおけるある種の快楽を与えてくれる行為や身振り、そして接触を含む領域であり、それは自然が望んだ行為、自然が強烈な快楽と結びつけた行為、しかも過度や反抗の可能性をつねに持つような、自然が誘い込む諸々の行為の領域といえる。これがギリシャの倫理的実質である。第二に、それに対して人々はどのように服従したのか。それは禁止や強制ではなく、個人の選択にかかわるものであり、政治的、あるいは美的な基準によるものである。こうした服従化の類型は「活用」という形態であり、ギリシャ市民は自由でなければならず、ゆえに支配されることは許されなかったことを示す。そこではアフロディジアへの対処を規範によって形式化するよりも、むしろ各自の技術的配慮が優位を占めている。すなわち、ギリシャにおける快楽への道徳的服従の仕方は、「合戦」の形態を示す。第三に「克己」とは、いわばアフロディジアという自然の力をいかに扱い、どのように活用するのかという倫理的作業＝鍛練の根本的態度である。それは自己のなかの荒ぶる快楽や欲望に打ち勝つことであった。そして最後に、それが目ざすところは、自己自身を統御できる自分であること、つまりそれが自己の主人たるギリシャ自由市民のあるべき姿であった。これが道徳的目的論である。

このように、ギリシャの道徳とは、決して義務としての普遍的法則＝規則や統一的な規範によるものではなかった。それは個人の選択の問題であり、自己を入念に磨き上げるための自己自身に対する技術によって形成されていた。それは一種の生存の美学、あるいは生の技術といえるものであり、どのようにある事柄に対して自己を統御するのか、という問題であった。

経験の四つの軸

性現象に話を戻すなら、そのような自己の統御技術は経験の四つの軸の上で具体化された。すなわち、身体に関する「養生術」、妻との関係に現われる「家庭管理術」、若者との関係において問われる「恋愛術」、そして最後の恋愛術から考察される「真理」との関係である。それらを順に見てみよう。

一、養生術。この点について問題になるのは、ギリシャの医学的見地である。性は飲食のような日々の生活的配慮の対象の一つにすぎず、身体の調子や外的な季節、日時、場所等々の条件に従った活用の問題であった。「性行為が不安の種となるのは、それが悪だからではなくて、それが個人の自分自身との関係を、そして道徳的主体として個人の仕組みをかき乱し、脅かすからなのである」

二、家庭管理術。妻との関係における性行為も、ギリシャの自由市民たる夫の家庭管理上の問題である。次の世代を担うべきギリシャ市民は、正妻から生まれなければならない。そして、その役割を果たすべき家庭を管理することは、その主人における自己統御によって果たされる問題である。

三、恋愛術。ギリシャにおける同性間の性行為は、異性間の性行為と対立するものではなく、自己統御できる者とできぬ者という対比において問題となる。愛する成人男子（自由市民）は、相手の尊厳に気を配るよう自らを統御しなければならない。愛される少年も、その快楽の奴隷とならぬよう自己を統御しなければならない。そこには、その双方でくみかわされる自己統御の動的な関連が含まれるわけであり、将来ギリシャの自由市民となる若者の名誉と成長に配慮が施されなければならない。

四、この恋愛術は、ギリシャ的な「真の愛」とは何か、ということに関係してくる。つまり、私たちはそれを真の愛に形態を与えるためのギリシャ的な研磨と見ることができる。まさに、今日の「われわれ自身」には経験しえないような、道徳的な愛の形態がギリシャに存在していたことにもなるだろう。

エピクテトス

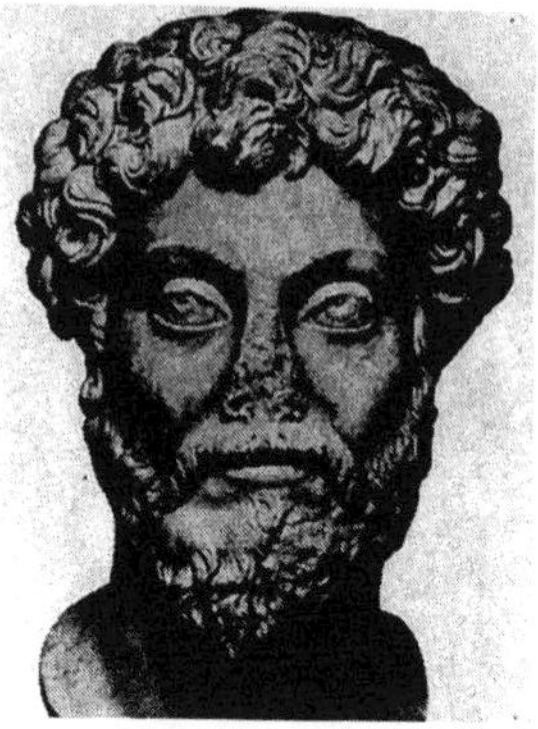

マルクス＝アウレリウス

ローマの道徳

フーコーによれば、ギリシャ同様、ローマにおいても道徳は法＝掟ではなかった。しかしながら、そこに政治上の変化に伴った若干の変容を認めることができる。養生術は、さらに自己のもろさ、弱さへの警戒から、ローマ期において強化される。家庭管理術に対しては、その夫婦関係に情愛や相互の共感という、ある種の対等性が問われるようになる。恋愛術については、同性間の性行為がまだ禁止の対象ではないものの、夫婦間の絆《きずな》の強化につれて批判的見解も現われる。だが、それは今日のように異常なものではない。

要約するならば、ローマの道徳的問題構成の基本は自己尊重の強化にあり、そこには「自己陶冶《とうや》」というストイシズムの展開が確認できる。とはいえ、ギリシャ同様、生の様式の確立にほかならない。

性的欲望の主体

では、今日の性現象に関する禁欲的な「われわれ自身」の姿をキリスト教的道徳の責任にするべきだろうか。なるほど、一見してキリスト教の戒律が、権威主義的で統一的な成文法を確立したように思える。しかし、フーコーは道徳の問題を規範への照合のみで終わらせることこそ避けるべきことであると教えてくれたのではなかったか。

「快楽の放棄としての禁欲の評判は悪い。しかし、禁欲はそれとは別のことなのです。禁欲とは、自らを変えるために、あるいは幸いにも決して到達されることのない自己を現われさせるために、自ら、自分自身に対して行なう作業なのです。これこそ、今日のわれわれの問題ではないでしょうか?」(増田一夫訳「生の様式としての友情について」、『同性愛と生存の美学』哲学書房)

問題は、古代と比較してキリスト教における規範偏重や禁欲自体を蔑むことではない。事実、宗教改革とはキリスト教における規範化への反抗ではなかったか。批判されるべきものは、自己のテクノロジーを忘れ去ってしまっている現在の「われわれ自身」の姿なのである。もっとも、残念ながら『性の歴史』の第四巻『肉体(肉欲)の告白』が未刊である以上、その分析の詳細は知るよしもないが、私たちは「性的欲望の主体」について以下のように考えるべきではあるまいか。すなわち、性現象の装置を介して「おまえはしかじかの者だ」と自己同一化を強いてくる権力の技術の合理性を拒否すること、言い換えるなら、私たちを誘い込む性現象の装置が産出する「規格化された主体」を拒否して、自らの「生存の美学」を打ち立てること、これが性的欲望の主体をめぐる啓蒙的な問い立てである。権力による快楽のエコノミーを見破り、欲望の解放ではなく快楽への受容性を高め、かつ自己の主人であるような美的な生活=人生を個々人が発明することこそ、性現象をめぐる現在の「われわれ自身」を問題とする『性の歴史』シリーズの中心論題ではないだろうか。

四　批判的思考史の展望

新たなる道徳世界

フーコーは道徳への考察を通して、いったいどのような社会を見すえていたのであろうか。残念ながらその議論を十分に展開することなく、フーコーは急逝《きゅうせい》してしまった。しかしながら、フーコーは次のような言葉を私たちに残している。

「生の様式というこの観念は重要だと思います。社会階級、職業の違い、文化的水準によるのではないもう一つの多様化、関係の形態でもあるような多様化、すなわち《生の様式》という多様化を導き入れるべきではないのか？　生の様式は、異なった年齢、身分、職業の個人の間で分かち合うことができます。それは、制度化されたいかなる関係にも似ない、密度の濃い関係を数々もたらすことができますし、生の様式は文化を、そして倫理をもたらすことができると私には思われます」（増田一夫訳「生の様式としての友情について」、『同性愛と生存の美学』哲学書房、一部表記変更）

この発言から理解されるように、フーコーは「生の様式」という考えを私たちの社会へと導き入れることによって、個々人の存在に多様化をもたらそうとしている。そして、その多様化は、多様化ゆえにおのおの自らによるものでなければならない。では、その多様化の原理である、自ら固有の生活＝人生を自らが発明するとはどのようなことなのだろうか。

まず、それは既成の生き方として与えられるものを発見することではなかろう。つまり、単純にフーコーは古代ギリシャ・ローマの道徳世界を復活させようなどとは思ってはいない。しかし、たとえそれが限られた自由市民のみのぜいたくな道徳であったとしても、現在の「われわれ自身」とは違った道徳世界が、かつて異なった倫理＝自己と自己の関係性において営まれていたということが重要である。私たちには、各自が固有の生存の美学を多様な形で試みる可能性が開かれている。そこでフーコーは、ある種の「ダンディズム」や「ゲイ」としての生き方にその可能性を投影して見た。ダンディズムやゲイとして自ら固有の人生を生きることは、他者の生き方に引きずられたり、自分を蔑んだり、あるいは逆に傲慢《ごうまん》になることなどではなかろう。それは他者を基準にして自分を推し量るのではなく、まず自らの生を尊重し、それに固有の美的とでもいうべき基準をもって、自分の人生＝生活を芸術作品へと磨き上げることである。

自律と多様化

そして、他者の生き方もその個人に委ね、それゆえに他者の生を尊重する社会関係も可能となろう。いわば、そこには、統合されえぬ自律の多様化が存在している。社会が人々の集まりであるかぎり、権力はいつでもそこにあるわけなのだが、私たちは規格化された主体を溶解させる柔軟な社会の姿を、この道徳観に見ることはできないだろうか。

むろん、フーコーはこのような道徳観によって、すべてがうまくゆくなどとは考えていないだろう。だが、もし人が自由を望み、自分がそうあるべきだと考えるなら、自分が自由であることにろうばいするべきではなく、個々人が自らの生に固有な様式としての美的な存在を与えうるかどうか、自己に問い立ててみる価値はあるだろう、とフーコーは述べる。

新たなる倫理

結局、自己のテクノロジーを問う場合に前提とされるべき道徳上の関係とは、それを各個人に委ねるという点であろう。フーコーは多様なる自己の主体化を社会的に実現させるために、そのテクノロジーの単純な形式化を拒《こば》む。しかし、権力の技術形態が同一的主体によって人々を統合するのならば、彼はそれに対抗する自己技術を発明しなければならないだろう。その点を確認したうえで、フーコーの次の発言を見てみよう。

「私が何であるかを正確に認識する必要があるとは思いません。人生や仕事での主要な関心は、当初のわれわれとは異なる人間になることです。ある本を書き始めたとき結論で何を言いたいかがわかっているとしたら、その本を書きたい勇気がわく、なんて考えられますか。ものを書くことや恋愛関係にあてはまる事柄は人生についてもあてはまる。ゲームは、最終的にどうなるかわからぬ限りやってみる価値があるのです」（田村俶・雲和子訳「真理・権力・自己」、『自己のテクノロジー』岩波書店、一部表記変更）

この発言に見られるように、フーコーが選んだ倫理上の技術とは、自己の同一化をたえず「ずらす」ものとなる。それを言い換えれば、自己に「非同一性」を確保する変容技術といえる。そして、この発言からもわかるように、彼にとって『性の歴史』を著述することは、自らを変容させるための自己鍛錬の場であったことが明らかになる。

「そこで賭《か》けられたものといえば、自分自身の歴史を思索する仕事が、思索をそれがひそかに思索する対象から解き放つことができる限度はどこまでであるのか、しかも思索をして別の仕方で思索できるようにする限度はどこまでであるか、それを知ることであったのだから」（田村俶訳『快楽の活用』新潮社、一部表記追加）

フーコーは自己鍛錬としての「哲学演習」を通して、かつての自己から逃れ出る「禁欲苦行」を成し遂げた。ここにおいて、フーコーの「書く」試みが新たな意味を持つものとなった。

『クリティック』誌のフーコー特集号（1986年8－9月）

「われわれ自身」の三つの存在論

では、フーコーは自らが「書いた」著作を、どのように振り返ったのだろうか。晩年に彼は次のように述べている。

「可能なる三つの系譜学の領域があります。まず、私たちは真理との関係で自らを認識の主体として構成しえるわけであって、その真理との関係におけるわれわれ自身の歴史的存在論。次に、私たちは権力の領野において他者に働きかけつつある主体として自らを構成しているわけで、この権力の領野でのわれわれ自身の歴史的存在論。最後に、私たちは倫理的動作主体として自らを構成しえるわけで、道徳との関係における歴史的存在論」（「倫理の系譜学について」）

すでに彼の技術論でも触れておいたように、彼の思想には三つの軸があったことになる。そして、「われわれ自身」の歴史的存在論という見地に立って歴史記述を始めるとき、それは「主体化」と「対象化」が織りなす、動的な相互作用を考察する系譜学になる。それは主体が主体でありながら、なおかつ認識の対象でもあるような真理のゲームを歴史的に分析するものであり、これまでの彼の歴史記述を総称する「批判的思考史」と呼ばれるものとなる。

第一の視座については、『臨床医学の誕生』、『言葉と物』、そして『知の考古学』がとりわけ扱った問題である。そこでは知にとって主体でもあり、かつ対象でもある「われわれ自身」が問われた（知／言説的実践の考察）。

第二のものは、『監視と処罰』と『知への意志』が分析した。権力にとって主体でもあり、臣民＝客体でもある「われわれ自身」が明らかになった（装置／権力的実践の考察）。

第三のものは、『知への意志』を取り込みつつ、『性の歴史』シリーズが試みた。「われわれ自身」は道徳において主体でもあり、かつ自らの働きかけの対象でもありうる（倫理／道徳的自己実践の考察)。

フーコーによれば、これら三つの軸が錯綜《さくそう》していたとはいえ、すでに『狂気の歴史』にはあったという。いずれにせよ、批判的思考史が問題とするものは、どのような背景＝条件＝制約のなかで、人々が「主体」という対象に関する問題化＝問題構成を成しえてきたのか、という点について、主体化と対象化の間でやりとりされる真理のゲームを手がかりに、それを実践レベルにおいて考察するものといえよう。

真理とは無垢《むく》なものではない。ある事柄について、誰かが何らかの真理を言明する際は、必ずそれを背後から条件づけている規則がある。晩年のフーコーの関心は、そうした背景＝制約を批判的に吟味し、そこに新たなる真理を対置する可能性へと向けられた。彼の最後の講義は、ギリシャで「パレーシア」と呼ばれていた真理を述べる勇気に関するものであった。

顔なき倫理

さて、これまで見てきたフーコーの著作は、彼自らが認めるように「フィクション」であり、「自叙伝」である。あちこちに認められるように、そこにはニーチェの影が色濃く見える。ニーチェが言うように、すべてが解釈であるとするならば、フーコーの著作も一つの解釈と言えるかもしれない。だがその解釈とは、そのどれもが自己同一化を拒む解釈である。彼は最終的に、同一化に抗するための自己鍛錬の場を「書く」ことに見い出した。その入念なる思想的作業を通して、フーコーは倫理に非同一性を確保して、自己からの離脱を試みたのである。それを予感するかのように、かつて彼は次のように書き記していた。

「おそらくは、私のみならず、もはや顔を持たぬために書いている人がほかにもいるはずです。私が何者であるのか尋ねないでいただきたい。同一であれとは言わないでいただきたい。同一であることは戸籍の道徳であり、この道徳が私たちの身分証明書を体制づけているのです。書くことが問題となっているときには、その道徳は私たちを自由なままにさせておいてほしいものです」（中村雄二郎訳『知の考古学』河出書房新社、一部変更）

おわりに

いつの時代にも学問が目ざすことは、私たちの生活やものの考え方を幾重にも覆い尽くしている目に見えない透明なベールを一つ一つ取り除いていくことである。フーコーは、そのような見えないベールが何であるかをよく知っていた。彼はそれをしっかりと視野に収めて、それを切り裂き、ベールに包まれて見えない現実をあからさまに露出させる才能を持っていた。泥や岩石に覆われていて見えない貴金属をかぎつける洞察力を持っていたといえようし、岩石や土くれを取り除く卓越した発掘人の才能に恵まれていたともいえる。彼の学問は発掘作業なのである。彼は自分の学問を「知の考古学」と名づけたが、それは彼の体質に見合った命名である。実際の研究は歴史学であるが、あえて「知の考古学」と自称するのは、伝統的な歴史学（例えば、思想の歴史学とか政治史といったもの）から手を切りたいからである。彼の考古学から実にたくさんの歴史的真実が掘り起こされた。

近代精神の典型である理性の考古学は、理性が狂気や非理性を排除し、それらと切断してはじめて登場してきた歴史的経験を、苛酷な視線をもって白日の下にさらしてみせる。フーコー以後では、近代の合理性とか理性や知性をのんびりと口にすることができなくなった。一見、無垢に見える知性や理性は相当に手を汚しているからである。この論点をさらに尖鋭にした主題は、種々の人間的な語り（その多くのものは理性的な語りであるが）と権力との共犯的関係である。権力は、政治権力だけとは限らない。権力は市民社会のなかで生きる人間と人間の交渉のなかに渦巻いている。こうした微小な権力関係と言説との関係に注目し、そこから立ち上がってくる大きい政治権力のメカニズムについて、フーコーは新しい構想を提案した。権力は言説に体現されて、人間を抑圧するというよりも、権力と親和する主体を効果的に生産するのだが、これなどは実に新しい権力論である。これらはフーコーが私たちに残した大切な遺産である。厳しい態度決定を迫る遺産ではあるが、しかし私たちは彼の仕事を今では回避することができない。

またフーコーは人間の生き方を問題にした。キリスト教倫理に縛られた生き方、つまり中世から近代までの西欧的人生の営み方は、ニーチェ風に言えば精神を矮小《わいしょう》にした人間の奴隷的な生き方ではないかという疑いを免れなくなった。彼はギリシャ、ヘレニズム、ローマ時代にまでさかのぼって、人生の営み方、つまりモラルの歴史のたどり直しを試みた。彼の『性の歴史』は、性現象を素材にしたモラルの「考古学」または「系譜学」である。その研究のなかでフーコーはこれまでとは違う人生の充実した営み方の可能性を探っている。これもまた私たちに残されたフーコーの遺産である。

フーコーは、細かく見ればもっとたくさんの洞察を残している。彼は二十世紀後半の卓越した

「考える巨匠」の一人である。多くの人が直接に彼の書物を手に取り、彼の胸を借りて、思考することの喜びと苦しみを同時に体験していただきたい。本書がそのための手がかりになれば幸いである。

一九九九年三月

今村　仁司
栗原　仁

フーコー関連年譜

西暦	年齢	出来事と仕事	世界の出来事と思想家たちの著作
一八九三		父ポール生まれる。	デュルケム『社会分業論』
一八九八			ジョルジュ＝デュメジル生まれる。
一九〇〇		母アンヌ生まれる。	ニーチェ没（一八四四年〜）。 義和団の乱。 フロイト『夢判断』 ジンメル『貨幣の哲学』 フッサール『論理学研究』
一九〇一			ジャック＝ラカン生まれる。
一九〇四			ジョルジュ＝カンギレム生まれる。 日露戦争。
一九〇五			サルトル、レヴィナス、クロソウスキー生まれる。 ウェーバー『プロテスタンティズムの倫理と資本主義の精神』

一九〇七			ジャン＝イポリット生まれる。 ベルクソン『創造的進化』 ジェイムズ『プラグマティズム』
一九〇八			レヴィ‐ストロース、メルロ‐ポンティ生まれる。
一九一三			ソシュール没（一八五七年～）。
一九一四			第一次世界大戦勃発。
一九一五			ロラン＝バルト生まれる。
一九一六			ソシュール『一般言語学講義』
一九一七			ロシア革命。 レーニン『国家と革命』 ジンメル『社会学の根本問題』
一九一八			第一次世界大戦終結。 ルイ＝アルチュセール生まれる。 ジンメル『生の哲学』 シュペングラー『西洋の没落』
一九二二			プルースト没（一八七一年～）。
一九二四		両親の結婚。	ウェーバー『一般社会経済史要論』 ブルトン『シュルレアリスム宣言』
一九二五		姉フランシーヌ生まれる。	ジル＝ドゥルーズ生まれる。 モース『贈与論』

一九二六	0	10月15日、ポワティエでポール‐ミシェル＝フーコー生まれる。	ヒトラー『わが闘争』 マリノフスキー『未開社会における犯罪と習慣』
一九二七	1		ハイデガー『存在と時間』
一九二九	3		世界大恐慌。 ハーバーマス、ボードリヤール生まれる。
一九三〇	4	ポワティエ・アンリ四世校幼児学級入学。	デリダ、ブルデュー生まれる。 九鬼周造『「いき」の構造』 オルテガ『大衆の反逆』 ビンスワンガー「夢と実存」
一九三一	5		満州事変。
一九三二	6		上海事変。 バシュラール『瞬間の直感』
一九三三	7	弟ドゥニ生まれる。	ナチス政権の成立。 ライヒ『ファシズムの大衆心理』
一九三四	8	オーストリアのドールフス首相暗殺。	中国大長征。 デュメジル『ウラノス‐ヴァルナ』
一九三五	9		ヤスパース『理性と実存』 デュメジル『フラーメン‐ブラフマン』
一九三六	10		スペイン市民戦争。

			フランス人民戦線内閣成立。 サルトル『想像力の問題』 バシュラール『持続の弁証法』
一九三七	11		日華事変。 毛沢東『実践論』、『矛盾論』
一九三八	12		バシュラール『火の精神分析』 フッサール没（一八五九年〜）。 バシュラール『科学的精神の形成』
一九三九	13		第二次世界大戦勃発。 フロイト没（一八五六年〜）。 バシュラール『ロートレアモン』 デュメジル『ゲルマン人の神話と神々』
一九四〇	14	サン＝スタニスラス高等中学校へ転校。	フランスがドイツに降伏。 ヴィシー政府成立。 ベンヤミン没（一八九二年〜）。 バシュラール『否定の哲学』
一九四一	15		ベルクソン没（一八五九年〜）。 太平洋戦争勃発。 フロム『自由からの逃走』 デュメジル『ユピテル・マルス・クイリヌス』

一九四二	16		メルロ=ポンティ『行動の構造』 カミュ『シジフォスの神話』 バシュラール『空と夢』
一九四三	17	大学入学資格試験合格。 ポワティエ・アンリ四世校準備学級入学。	サルトル『存在と無』 バタイユ『内的体験』 バシュラール『水と夢』 カンギレム『正常と病理』
一九四四	18		パリ解放。 バタイユ『有罪者』 デュメジル『ローマの誕生』
一九四五	19	高等師範学校不合格、パリ・アンリ四世校準備学級入学。 ジャン=イポリットと出会う。 姉フランシーヌ結婚。	第二次世界大戦終結。 メルロ=ポンティ『知覚の現象学』 サルトルが『レ・タン・モデルヌ』創刊。
一九四六	20	高等師範学校合格。 ジョルジュ=カンギレムと出会う。	北大西洋条約機構成立。 第一次インドシナ戦争。 ヴァレリー没（一八七一年〜）。 サルトル『唯物論と革命』 ベネディクト『菊と刀』 バタイユが『クリティック』誌創刊。

一九四七	21	メルロ＝ポンティの授業に出席。	コジェーヴ『ヘーゲル読解入門』 レヴィナス『実存から実存者へ』 アドルノ／ホルクハイマー『啓蒙の弁証法』 イポリット『精神現象学の生成と構造』
一九四八	22	自殺未遂を起こす。 ルイ＝アルチュセールとの出会い。 哲学の学士取得。	メルロ＝ポンティ『意味と無意味』 レヴィナス『時間と他者』 イポリット『ヘーゲル歴史哲学序説』 デュメジル『ロキ』
一九四九	23	心理学への傾倒。ダニエル＝ラガッシュの授業への出席。 哲学の高等教育修了証書取得。 心理学の学士と高等教育修了証書取得。	中華人民共和国成立。 レヴィ＝ストロース『親族の基本構造』 ボーヴォワール『第二の性』 バタイユ『呪われた部分』 ブローデル『地中海』 レヴィナス『フッサールとハイデガー』
一九五〇	24	フランス共産党入党。再び自殺未遂。 大学教員資格試験失敗。	朝鮮戦争勃発。 ピアジェ『発生的認識論序説』 アドルノ『権威主義的パーソナリティ』 ヤスパース『哲学入門』 ハイデガー『森の道』
一九五一	25	大学教員資格試験合格。	バタイユ『エロティシズム』

		高等師範学校心理学復習担当教員に就任。	カイヨワ『聖なるものの社会学』 アレント『全体主義の起源』 カミユ『反抗的人間』
一九五二	26	ティエール財団奨学生に選出される。 音楽家ジャン＝バラケとの交流。 ジュール＝ヴュイユマンの紹介でリール大学文学部心理学助手就任。 精神病理学の高等教育修了証書取得。	ファノン『黒い皮膚・白い仮面』 丸山真男『日本政治思想史研究』 レヴィ＝ストロース『人種と歴史』
一九五三	27	ジャック＝ラカンの授業に出席。 ニーチェ思想への傾倒。 実験心理学の高等教育修了証書取得。	ウィトゲンシュタイン『哲学研究』 バルト『零度のエクリチュール』 イポリット『論理と実存』 ハイデガー『形而上学入門』
一九五四	28	ビンスワンガーの『夢と実存』の翻訳刊行。 『精神疾患とパーソナリティ』を出版。	アルジェリア独立戦争。 ブロッホ『希望の原理』
一九五五	29	スウェーデン、ウプサラ大学フランス語講師着任。 ロラン＝バルトと知り合う。	メルロ＝ポンティ『弁証法の冒険』 マルクーゼ『エロス的文明』 レヴィ＝ストロース『悲しき熱帯』 ブランショ『文学空間』 イポリット『ヘーゲルとマルクス』
一九五六	30	ウプサラ大学図書館で精神医学の文	スターリン批判、ハンガリー事件。

		献を検討。 ウプサラでデュメジルと会う。	ゴフマン『行為と演技』 ミルズ『パワー・エリート』 ビュトール『時間割』 ハイデガー『哲学とは何か』
一九五七	31	レーモン＝ルーセルの作品との出会い。	バルト『神話作用』 コイレ『閉じた世界から無限宇宙へ』
一九五八	32	ポーランド、ワルシャワのフランス文明センター着任。 博士論文の記述。	レヴィ‐ストロース『構造人類学』 デュメジル『印欧語族の三区分イデオロギー』
一九五九	33	父ポール死去。 ドイツ、ハンブルクのフランス文化学院に着任。	エイヤー『論理実証主義』 ミルズ『社会学的想像力』 デュメジル『ゲルマン人の神々』 アルチュセール『モンテスキュー　政治と歴史』
一九六〇	34	博士副論文の記述を開始。 「狂気と非理性」の出版依頼。 クレルモン‐フェラン大学文学部心理学助教授に就任。 ダニエル＝ドゥフェールと出会う。	ガダマー『真理と方法』 サルトル『弁証法的理性批判』 レイン『ひき裂かれた自己』 アリエス『子供の誕生』 ヤーコブソン『言語学と詩学』 カネッティ『群衆と権力』 メルロ‐ポンティ『シーニュ』

一九六一	35	『狂気と非理性——古典主義時代における狂気の歴史』がプロンから出版される。 博士号取得。	メルロ＝ポンティ没（一九〇八年〜）。 ハイデガー『ニーチェ』 メルロ＝ポンティ『目と精神』 ハーバーマス『公共性の構造転換』 レヴィナス『全体性と無限』
一九六二	36	クレルモン＝フェラン大学文学部心理学教授に就任。 『精神疾患と心理学』の出版。 ドゥルーズとの交流。	キューバ危機。 アルジェリア独立。 バタイユ没（一八九七年〜）。 バシュラール没（一八八四年〜）。 ドゥルーズ『ニーチェと哲学』 オースティン『言語と哲学』 レヴィ＝ストロース『野性の思考』、『今日のトーテミズム』 クーン『科学革命の構造』
一九六三	37	『臨床医学の誕生——医学的まなざしの考古学』、『レーモン＝ルーセル』の出版。 東京日仏学院の院長ポストの辞退。 デリダが『狂気の歴史』を批判。	ケネディ暗殺。 ハーバーマス『理論と実践』 クロソウスキー『かくも不吉な欲望』 ポパー『推測と反駁』 ヤーコブソン『一般言語学』 ドゥルーズ『カントの批判哲学』

一九六四	38	『狂気と非理性』の縮約版の出版。	メルロ-ポンティ『見えるものと見えないもの』 マルクーゼ『一次元的人間』 バルト『エッセ・クリティック』 レヴィ-ストロース『神話学』
一九六五	39	大学改革委員に選出される。 ブラジルへ研究旅行。	アメリカによるヴェトナム北爆開始。 アルチュセール『資本論を読む』、『マルクスのために』 トドロフ『文学の理論』 チョムスキー『文法理論の諸相』 クロソウスキー『バフォメット』 カンギレム『生命の認識』
一九六六	40	ニーチェ全集の編集。 『言葉と物――人間諸科学の考古学』を出版、ベストセラーとなる。 ハンガリーで講演。 チュニジア、チュニス大学へ出向。	中国文化大革命。 アドルノ『否定弁証法』 ラカン『エクリ』 チョムスキー『デカルト派言語学』 バンヴェニスト『一般言語学の諸問題』 ソンタグ『反解釈』 ドゥルーズ『ベルクソンの哲学』 デュメジル『古代ローマ宗教史』
一九六七	41	ジャン-リュック＝ゴダールが映画	EC成立。第三次中東戦争。

		『中国女』で『言葉と物』を取り上げる。	デリダ『声と現象』、『グラマトロジーについて』 バルト『モードの体系』 ドゥルーズ『マゾッホとサド』 クロソウスキー『わが隣人サド』 アルチュセール『科学者のための哲学講義』
一九六八	42	ヴァンセンヌ実験大学の創設委員に選出される。	五月革命、チェコ事件。 イポリット没（一九〇七年〜）。 ハーバーマス『認識と関心』、『イデオロギーとしての技術と科学』 ドゥルーズ『スピノザと表現の問題』、『差異と反復』 ボードリヤール『物の体系』 チョムスキー『言語と精神』 レヴィナス『タルムード四講話』 カンギレム『科学史・科学哲学研究』 デュメジル『神話と叙事詩Ⅰ』
一九六九	43	『知の考古学』の出版。	ドゥルーズ『意味の論理学』 サール『言語行為』 クロソウスキー『ニーチェと悪循環』 セール『ヘルメス』

一九七〇	44	コレージュ・ド・フランス教授に就任。 初来日。 アメリカで講演。	アルチュセール『レーニンと哲学』 モノー『偶然と必然』 ジャコブ『生命の論理』 マノーニ『反精神医学と精神分析』 アドルノ『美の理論』 ボードリヤール『消費社会の神話と構造』 ミレット『性の政治学』 クリステヴァ『セメイオティケ』 ブルデュー／パスロン『再生産』 ドゥルーズ『プルーストとシーニュ』
一九七一	45	『言説の秩序』の出版。 アラブ人生活状況に関する調査。 刑務所情報集団の結成。 オランダのテレビ番組でチョムスキーと対談。	リオタール『ディスクール、フィギュール』 サルトル『家の馬鹿息子』 イリイチ『脱学校の社会』 バルト『表徴の帝国』、『S／Z』 パーソンズ『近代社会の体系』 ルーマン『批判理論と社会システム論』 ロールズ『正義論』 デュメジル『神話と叙事詩II』 ヴェーヌ『歴史をどう書くか』
一九七二	46	『狂気の歴史——古典主義時代にお	ドゥルーズ／ガタリ『アンチ・オイディプス』

		ける』がガリマール社から出版される。	デリダ『散種』、『哲学の余白』 ジラール『暴力と聖なるもの』 ベイトソン『精神の生態学』 ギンズブルク『ベナンダンティ』
一九七三	47	『私、ピエール＝リヴィエールは母を妹を弟を殺害した』と『これはパイプではない』の出版。 左翼系日刊紙『リベラシオン』創刊にかかわる。 カナダ、アメリカ、ブラジルへ講演旅行。	バルト『テクストの快楽』 アーペル『哲学の変換』 ジェイ『弁証法的想像力』 ホワイト『メタヒストリー』 ソルジェニツィン『収容所群島』 アルチュセール『ジョン＝ルイスへの回答』 デュメジル『神話と叙事詩III』
一九七四	48	カナダ、ブラジルへ講演旅行。	レヴィナス『存在するとは別の仕方で、あるいは本質の彼方』 デリダ『弔鐘』 リオタール『リビドー経済学』 クリステヴァ『詩的言語の革命』 クラストル『国家に抗する社会』 ウォーラーステイン『近代世界システム』 アルチュセール『自己批判の基礎』
一九七五	49	『監視と処罰——監獄の誕生』の出	リクール『生きた隠喩』

		版。 アメリカ、カリフォルニアに講演旅行。 スペインのフランコ独裁体制に抗議活動。 ブラジル、アメリカで講演。	イリイチ『脱病院化社会』 ゴルツ『エコロジスト宣言』 ボードリヤール『象徴交換と死』 クリステヴァ『記号の横断』 ドゥルーズ『カフカ』
一九七六	50	カナダ、アメリカに講演旅行。 ルネ＝アリオが『私、ピエール＝リヴィエールは母を妹を弟を殺害した』を映画化。 『性の歴史I――知への意志』の出版。	ヴェトナム戦争終結。 ハイデガー没（一八八九年〜）。 エーコ『記号論』 リーチ『文化とコミュニケーション』 ギンズブルク『チーズとうじ虫』 イーグルトン『文学批評とイデオロギー』 アルチュセール『ポジシオン』
一九七七	51	ドイツ人弁護士クラウス＝クロワッサンの支援運動。	ポランニー『人間の経済』 ジェンクス『ポスト・モダニズムの建築言語』 クリステヴァ『ポリローグ』 カンギレム『生命科学におけるイデオロギーと合理性』、『反射概念の形成』 デュメジル『印欧語族の至高神たち』
一九七八	52	二度目の来日。	イラン革命。

		『エルキュリーヌ＝バルバン、通称アレクシーナb』の出版。 フランス哲学協会で「批判とは何か」を発表。 自宅前で交通事故にあう。 イラン革命への関心からテヘランへおもむく。	サイード『オリエンタリズム』 ソンタグ『隠喩としての病』
一九七九	53	アメリカで講演。	ソ連のアフガニスタン侵攻。 ローティ『哲学と自然の鏡』 パットナム『意味と精神科学』 リオタール『ポスト・モダンの条件』 マシュレ『ヘーゲルかスピノザか』 ブローデル『物質世界・経済・資本主義』 ウォーラーステイン『資本主義世界経済』 ブルデュー『ディスタンクシオン』
一九八〇	54	再びアメリカへ講演旅行。	サルトル没（一九〇五年〜）。 バルト没（一九一五年〜）。 イラン・イラク戦争。 クリステヴァ『恐怖の権力』 ブルデュー『実践感覚』

一九八一	55	ポーランドの「連帯」を支持。 ヴェトナムのボート・ピープル支援運動。 アメリカでの講演。	ドゥルーズ／ガタリ『ミル・プラトー』 バルト『明るい部屋』 ラカン没（一九〇一年～）。 ハーバーマス『コミュニケーション的行為の理論』 ボードリヤール『シミュラークルとシミュレーション』 イリイチ『シャドウ・ワーク』 ジェイムソン『政治的無意識』 デイヴィドソン『行為と出来事』 ラカン『精神病』
一九八二	56	麻薬嫌疑で逮捕されたジャック＝デリダを支援。 『家族の混乱』の刊行。 アメリカで「自己のテクノロジー」に関するセミナーに出席。	フォークランド紛争。 セール『生成』 クリプキ『ウィトゲンシュタインのパラドックス』 レヴィナス『倫理と無限』 デュメジル『神話学論集・1』
一九八三	57	パリでユルゲン＝ハーバーマスとの討議。 アメリカでの講義。	大韓航空機撃墜事件。 ドゥルーズ『シネマ・1』 ウォーラーステイン『史的システムとしての資本

一九八四	(58)	体調の悪化。 『性の歴史II——快楽の活用』の出版。 自宅で意識を失い、入院。 『性の歴史III——自己への配慮』の出版。 6月25日、午後1時15分、死去。	主義』 リオタール『文の抗争』 リクール『時間と物語』 デュメジル『神話学論集・2』 ヴェーヌ『ギリシャ人は神話を信じたか』 イーグルトン『文学とは何か』 イリガライ『性的差異のエチカ』 リオタール『知識人の終焉』 クロソウスキー『類似性』
一九八五		ルネ＝フェレによって『エルキュリーヌ＝バルバン、通称アレクシーナb』が映画化される（邦題『哀しみのアレクシーナ』）。	ドゥルーズ『シネマ・2』 ドレイファス『純粋人工知能批判』 デリダ『視線の権利』 クリステヴァ『初めに愛があった』 ハーバーマス『近代の哲学的ディスクルス』 デュメジル『神話学論集・3』
一九八六			チェルノブイリ原発事故。

一九八七			デュメジル没（一八九八年〜）。 ジュネ没（一九一〇年〜）。 デリダ『身分』 リオタール『ポスト・モダン通信』 ナンシー『無為の共同体』
一九八八			デリダ『精神について』 ファリアス『ハイデガーとナチズム』 ソ連、アフガニスタンから撤退。 ドゥルーズ『プリ』
一九八九		『コレージュ・ド・フランス講義概要　一九七〇〜一九八二年』が出版される。 エリボン『ミシェル＝フーコー伝』	天安門事件。
一九九〇			アルチュセール没（一九一八年〜）。 東西ドイツ統合、湾岸戦争。 クリステヴァ『サムライたち』 ボードリヤール『透きとおった悪』 ギベール『ぼくの命を救ってくれなかった友へ』
一九九一			ソ連崩壊。 ギベール没（一九五五年〜）。

			デリダ『他の岬』 ドゥルーズ／ガタリ『哲学とは何か』 ボードリヤール『湾岸戦争は起こらなかった』
一九九二			マーストリヒト条約調印。 ガタリ没（一九三〇年〜）。 ハーバーマス『真実性と妥当性』
一九九四		フーコーの論文・インタビューをまとめた『言われたことと書きしるされたこと　一九五三〜一九八八年』がフランスで出版される。 エリボン『ミシェル＝フーコーと彼の同時代人』	
一九九五			カンギレム没（一九〇四年〜）。 ドゥルーズ没（一九二五年〜）。 レヴィナス没（一九〇五年〜）。

ディディエ＝エリボンによる伝記研究および『言われたことと書きしるされたこと』（邦訳『ミシェル・フーコー思考集成』）所収のダニエル＝ドゥフェールによる年譜を参照した。

文献案内

ここでは、フーコーの主要著作と、書店や図書館において比較的入手しやすい、日本語で読める対談集や雑誌の特集号・研究書を紹介するにとどめる。なお、本書中の引用箇所については、原則的にこれまで出版されてきた邦訳に依拠させていただいたが、本文の語句との統一上、場合によっては表記の追加および変更をさせていただいたものもある。ここに訳者ならびに関係者の方々に感謝の意を表わしたい。

●フーコーの邦訳著書

『精神疾患とパーソナリティ』一九五四（中山元訳、ちくま学芸文庫、一九九七）
『精神疾患と心理学』一九六二（神谷美恵子訳、みすず書房、一九七〇）
『臨床医学の誕生——医学的まなざしの考古学』一九六三（神谷美恵子訳、みすず書房、一九六九）
『レーモン・ルーセル』一九六三（豊崎光一訳、法政大学出版局、一九七五）
『言葉と物——人文科学の考古学』一九六六（渡辺一民・佐々木明訳、新潮社、一九七四）
『知の考古学』一九六九（中村雄二郎訳、河出書房新社、一九七〇／一九八一・一九九五改訂）
『言語表現の秩序』一九七一（中村雄二郎訳、河出書房新社、一九七二／一九八一・一九九五改訂）
『狂気の歴史——古典主義時代における』一九七二（田村俶訳、新潮社、一九七五）

『これはパイプではない』一九七三（豊崎光一・清水正訳、哲学書房、一九八六）

『ピエール・リヴィエールの犯罪――狂気と理性』一九七三（岸田秀・久米博訳、河出書房新社、一九七五／一九八六改訂）

『監獄の誕生――監視と処罰』一九七五（田村俶訳、新潮社、一九七七）

『性の歴史Ⅰ――知への意志』一九七六（渡辺守章訳、新潮社、一九八六）

『性の歴史Ⅱ――快楽の活用』一九八四（田村俶訳、新潮社、一九八六）

『性の歴史Ⅲ――自己への配慮』一九八四（田村俶訳、新潮社、一九八七）

『ミシェル・フーコー思考集成』一九九四（全十巻、蓮實重彦・渡辺守章監修、小林康夫・石田英敬・松浦寿輝編、筑摩書房、一九九八～二〇〇二）

『ミシェル・フーコー講義集成』一九九九～（全十三巻、慎改康之他訳、筑摩書房、二〇〇二～）

●フーコーの論文・講演・対談・インタビュー等

『夢と実存』ルートヴィヒ・ビンスワンガー／ミシェル・フーコー、一九五四（荻野恒一・中村昇・小須田健訳、みすず書房、一九九二）

『アルケオロジー宣言』白井健三郎訳、朝日出版社、一九七七

『哲学の舞台』ミシェル・フーコー／渡辺守章、朝日出版社、一九七八

『外の思考　ブランショ・バタイユ・クロソウスキー』豊崎光一訳、朝日出版社、一九七八

『世界認識の方法』吉本隆明（／ミシェル・フーコー）、中央公論社、一九八〇

『ミシェル・フーコー　一九二六〜一九八四』桑田禮彰・福井憲彦・山本哲士編、新評論、一九八四
『同性愛と生存の美学』増田一夫訳、哲学書房、一九八七
『自己のテクノロジー』フーコー他、一九八八（田村俶・雲和子訳、岩波書店、一九九〇）
『フーコーの〈全体的なものと個的なもの〉』山本哲士編・北山晴一訳、三交社、一九九三
『真理とディスクール　パレーシア講義』二〇〇一（中山元訳、筑摩書房、二〇〇二）
『マネの絵画』フーコー他、二〇〇四（阿部崇訳、筑摩書房、二〇〇六）
『フーコー・コレクション』全6巻、小林康夫・石田英敬・松浦寿輝編、ちくま学芸文庫、二〇〇六
（別巻『フーコー・ガイドブック』）
『わたしは花火師です　フーコーは語る』中山元訳、ちくま学芸文庫、二〇〇八

●フーコーに関する雑誌の特集号

『現代思想』特集＝ミシェル・フーコー、一九七八年六月号、青土社
『第二次・季刊エピステーメ』特集＝ミシェル・フーコー　死の閾（創刊0号）、朝日出版社、一九八四
『現代思想』特集＝フーコーは語る、一九八四年十月号、青土社
『現代思想』特集＝変貌するフーコー、一九八七年三月号、青土社
『現代思想』特集＝フーコーの十八世紀、一九八八年十一月号、青土社
『現代思想』特集＝フーコーのアメリカ、一九九二年十月号、青土社
『思想』特集＝フーコーの遺産　没後十年、一九九四年十二月号、岩波書店

『現代思想』特集＝フーコーからフーコーへ、一九九七年三月号、青土社
『現代思想』総特集＝フーコー、二〇〇三年十二月臨時増刊号、青土社

●フーコーに関する研究等

『ミシェル・フーコー』アニー・ゲデ、一九七二（久重忠夫訳、朝日出版社、一九七五）
『差異の目録　新しい歴史のために』ポール・ヴェーヌ、一九七八（大津真作訳、法政大学出版局、一九八三）
『誘惑論序説――フーコーを忘れよう』ジャン・ボードリヤール、一九八〇（塚原史訳、国文社、一九八四）
『ミシェル・フーコー　社会理論と侵犯の営み』チャールズ・C・レマート／ガース・ギラン、一九八二（滝本往人・山本学・柳和樹・曽根尚子訳、日本エディタースクール出版部、一九九一）
『ミシェル・フーコー　構造主義と解釈学を超えて』ヒューバート・L・ドレイファス／ポール・ラビノウ、一九八三（山形頼洋・鷲田清一・井上克人・北尻祥晃・高田珠樹・山田徹郎・山本幾生訳、筑摩書房、一九九六）
『ミシェル・フーコー　真理の歴史』CFDT編、一九八五（桜井直文訳、新評論、一九八六）
『ミシェル・フーコー　権力と自由』ジョン・ライクマン、一九八五（田村俶訳、岩波書店、一九八七）
『ミシェル・フーコー入門』バリー・スマート、一九八五（山本学訳、新曜社、一九九一）
『ミシェル・フーコー　考古学と系譜学』アンジェル・クレメール＝マリエッティ、一九八五（赤羽研三・桑田禮彰・清水正・渡辺仁訳、新評論、一九九二）
『フーコー　全体像と批判』ジョセ＝ギレルメ・メルキオール、一九八五（財津理訳、河出書房新社、一

九九五）
『フーコー　批判的読解』デイビット・カズンズ・ホイ編、一九八六（椎名正博・椎名美智訳、国文社、一九九〇）
『フーコー』ジル・ドゥルーズ、一九八六（宇野邦一訳、河出書房新社、一九八七）
『ミシェル・フーコー　思いに映るまま』モーリス・ブランショ、一九八六（豊崎光一訳、哲学書房、一九八六）
『フーコーの声　思考の風景』渡辺守章、哲学書房、一九八七
『最後のフーコー』ジェイムズ・バーナウアー／ディビット・ラズミュッセン編、一九八八（山本学・滝本往人・藍沢玄太・佐幸信介訳、三交社、一九九〇）
『ミシェル・フーコー伝』ディディエ・エリボン、一九八九（田村俶訳、新潮社、一九九一）
『理性の考古学　フーコーと科学思想史』ガリー・ガッティング、一九八九（成定薫・金森修・大谷隆昶訳、産業図書、一九九三）
『フーコーの世界』田村俶、世界書院、一九八九
『逃走の力　ミシェル・フーコーと思考のアクチュアリティ』ジェイムズ・バーナウアー、一九九〇（中山元訳、彩流社、一九九四）
『ミシェル・フーコー――主体の系譜学』内田隆三、講談社現代新書、一九九〇
『フーコー権力論入門』山本哲士、日本エディタースクール出版部、一九九一

『ミシェル・フーコーの世紀』渡辺守章・蓮實重彦編、筑摩書房、一九九三
『ミシェル・フーコー／情熱と受苦』ジェイムズ・ミラー、一九九三（田村俶・雲和子・西山けい子・浅井千晶訳、筑摩書房、一九九八）
『フランス科学認識論の系譜　カンギレム・ダゴニェ・フーコー』金森修、勁草書房、一九九四
『聖フーコー――ゲイの聖人伝に向けて』デイビィット・M・ハルプリン、一九九五（村山敏勝訳、太田出版、一九九七）
『ミシェル・フーコー』フレデリック・グロ、一九九六（露崎俊和訳、白水社文庫クセジュ、一九九八）
『フーコーの〈方法〉を読む』山本哲士、日本エディタースクール出版部、一九九六
『フーコー入門』中山元、ちくま新書、一九九六
『現代思想の冒険者たち　26・フーコー　知と権力』桜井哲夫、講談社、一九九六
『フーコーの系譜学　フランス哲学〈覇権〉の変遷』桑田禮彰、講談社選書メチエ、一九九七
『フォー・ビギナーズシリーズ　85・フーコー』クリス・フロックス文／ゾラン・ジェヴティック絵、一九九七（白仁高志訳、現代書館、一九九八）
『フーコーと狂気』フレデリック・グロ、一九九七（菊池昌実訳、法政大学出版局、二〇〇二）
『権力の系譜学――フーコー以後の政治理論に向けて』杉田敦、岩波書店、一九九八
『ミシェル・フーコーと「共同幻想論」』吉本隆明／中田平、光芒社、一九九九
『90分でわかるフーコー』ポール・ストラザーン、二〇〇〇（浅見昇吾訳、青山出版社、二〇〇二）

『自由論—現在性の系譜学』酒井隆史、青土社、二〇〇一
『フーコーの権力論と自由論—その政治哲学的構成』関良徳、勁草書房、二〇〇一
『知の教科書　フーコー』桜井哲夫、講談社選書メチエ、二〇〇一
『フーコーの思想』柳内隆、ナカニシヤ出版、二〇〇一
『シリーズ現代思想ガイドブック　ミシェル・フーコー』サラ・ミルズ、二〇〇三（酒井隆史訳、青土社、二〇〇六）
『はじめて読むフーコー』中山元、洋泉社新書、二〇〇四
『1冊でわかる　フーコー』ガリー・ガッティング、二〇〇五（井原健一郎訳・神崎繁解説、岩波書店、二〇〇七）
『シリーズ哲学のエッセンス　フーコー』神崎繁、NHK出版、二〇〇六
『狂気と権力　フーコーの精神医学批判』佐々木滋子、水声社、二〇〇七
『入門・哲学者シリーズ2　フーコー』貫成人、青灯社、二〇〇七
『フーコーの後で　統治性・セキュリティ・闘争』芹沢一也・高桑一巳編、慶應義塾大学出版会、二〇〇七

●フーコーの主要原書

Maladie mentale et Personnalité, Paris, P.U.F., coll.《Initiation philosophique》, 1954.（絶版）
Maladie mentale et Psychologie, Paris, P.U.F., coll.《Initiation philosophique》(version modifiée de *Mala-*

die mentale et Personnalité), 1962.

Naissance de la clinique. Une archéologie du regard médical, Paris, P.U.F., coll. 《Galien》, 1963.

Raymond Roussel, Paris, Gallimard, coll. 《Le Chemin》, 1963.

Les Mots et les Choses. Une archéologie des sciences humaines, Paris, Gallimard, coll. 《Bibliothèque des sciences humaines》, 1966.

L'Archéologie du savoir, Paris, Gallimard, coll. 《Bibliothèque des sciences humaines》, 1969.

L'Ordre du discours, Paris, Gallimard, 《Collection blanche》 (leçon inaugurale au Collège de France, 2 décembre 1970), 1971.

Histoire de la folie à l'âge classique, Paris, Gallimard, coll. 《Bibliothèque des histoires》 (2e éd., avec une nouvelle préface et deux appendices : 《Mon corps, ce papier, ce feu》 et : 《La folie, l'absence d'œuvre》), 1972.

Surveiller et Punir. Naissance de la prison, Paris, Gallimard, coll. 《Bibliothèque des histoires》, 1975.

Histoire de la sexualité, t. I : *La Volonté de savoir*, Paris, Gallimard, coll. 《Bibliothèque des histoires》, 1976.

Histoire de la sexualité, t. II : *L'Usage des plaisirs*, Paris, Gallimard, coll. 《Bibliothèque des histoires》, 1984.

Histoire de la sexualité, t. III : *Le Souci de soi*, Paris, Gallimard, coll. 《Bibliothèque des histoires》, 1984.

Dits et écrits, t. I—IV, Paris, Gallimard, coll. 《Bibliothèque des sciences humaines》, 1994.

Cours au Collège de France, t. I—XIII, Paris, Gallimard/Seuil, coll. 《Hautes Etudes》, 1999.

さくいん

【人名】

【書名・論文名・作品名等】

【地名・学校名等】

フーコー■人と思想158　　定価はカバーに表示

1999年5月25日　第1刷発行©
2016年4月25日　新装版第1刷発行©
2018年2月15日　新装版第2刷発行

・著　者 ……………………今村《いまむら》　仁司《ひとし》・栗原《くりはら》　仁《ひとし》
・発行者 ……………………………………野村久一郎
・印刷所 ……………………………広研印刷株式会社
・発行所 …………………………株式会社　清水書院

〒102-0072　東京都千代田区飯田橋3-11-6
Tel・03(5213)7151～7
振替口座・00130-3-5283
http://www.shimizushoin.co.jp

検印省略
落丁本・乱丁本は
おとりかえします。

CenturyBooks

Printed in Japan
ISBN978-4-389-42158-8

CenturyBooks

清水書院の〝センチュリーブックス〟発刊のことば

近年の科学技術の発達は、まことに目覚ましいものがあります。月世界への旅行も、近い将来のこととして、夢ではなくなりました。しかし、一方、人間性は疎外され、文化も、商品化されようとしていることも、否定できません。

いま、人間性の回復をはかり、先人の遺した偉大な文化を継承して、高貴な精神の城を守り、明日への創造に資することは、今世紀に生きる私たちの、重大な責務であると信じます。

私たちがここに、「センチュリーブックス」を刊行いたしますのは、人間形成期にある学生・生徒の諸君、職場にある若い世代に精神の糧を提供し、この責任の一端を果たしたいためであります。

ここに読者諸氏の豊かな人間性を讃えつつご愛読を願います。

一九六七年

SHIMIZU SHOIN